DER NAUMBURGER DOM

ERNST SCHUBERT

# DER NAUMBURGER DOM

MIT FOTOGRAFIEN VON
JANOS STEKOVICS

VERLAG JANOS STEKOVICS

HALLE AN DER SAALE

Die Deutsche Bibliothek · CIP-Einheitsaufnahme

Der **Naumburger Dom** / Ernst Schubert. Mit Fotogr. von Janos Stekovics. - Halle an der Saale : Stekovics, 1996
    ISBN 3-929330-92-X

NE: Schubert, Ernst; Stekovics, Janos


Layout, Einband, Satz und Bildbearbeitung: Janos Stekovics
Digitalisierung: Hans Herr, Urspringen
Druck: Magdeburger Druckerei GmbH, Magdeburg
Buchbinderische Verarbeitung: Kunst- und Verlagsbuchbinderei GmbH, Leipzig
Fotografien S. 209: Domstiftsarchiv Naumburg
© 1997 Verlag Janos Stekovics, Halle (Saale)
Alle Rechte vorbehalten!
ISBN 3-929330-92-X

# INHALTSVERZEICHNIS

# VORWORT

Der Verfasser dieses Buches hat versucht, das Erlebnis eines Denkmals großer Kunst vergangener Jahrhunderte zusammenzufassen, mußte aber bald einsehen, daß seinem Bemühen um einen objektiven Zugriff und eine adäquate Formulierung Grenzen gesetzt sind.

Die letzte größere Monographie über den Naumburger Dom wurde vor dreißig Jahren verfaßt.[1] Seitdem ist die Forschung beträchtlich vorangekommen, und auch der Autor, der sich seit zwanzig Jahren intensiv um das Bauwerk und seine Erhaltung kümmern darf, hat vieles erfahren, von dem er vor drei Jahrzehnten noch nichts wußte oder wissen konnte. Der Leser darf also erwarten, daß ihm nicht nur ein überarbeiteter, sondern ein großenteils neuer Text vorgelegt wird. Dieser ist als fortlaufende Darstellung konzipiert. Die Gliederung in einzelne Abschnitte folgt, soweit möglich, einem Rundgang durch den Dom, und die Abbildungen wurden neben dem Text oder in dessen unmittelbarer Nähe plaziert.

Eine lückenlose Information anzustreben, verbot nicht zuletzt die Rücksicht auf die Leser: Das Buch wurde für alle geschrieben, die Freude am Naumburger Dom und seiner Ausstattung haben. Das Recht des Lesers auf eine umfassende und allgemein verständlich formulierte, nicht ausufernde Unterrichtung auf dem neuesten wissenschaftlichen Stand war ebenso zu berücksichtigen wie das Interesse der Fachwelt, die diesem Bauwerk und seiner Ausstattung mit Recht immer wieder besondere Aufmerksamkeit gewidmet hat.

Zum ersten Male bietet dieser Band fast alle Abbildungen in Farbe. Der Entschluß, dieses Wagnis auf sich zu nehmen, ist dem Verfasser nicht leicht gefallen, zumal er Fritz Heges Abbildungsvorlagen für den 1968 publizierten Band nach wie vor für mustergültig hält. Mit der Bitte um Nachsicht für diese zusätzliche Anmerkung: An die Zusammenarbeit mit Fritz Hege, einem Könner von hohem Rang und ebenso bescheidenen wie stets liebenswürdigen Menschen, denkt der Verfasser mit großer Hochachtung und in herzlicher Verbundenheit.

Janos Stekovics, dem die neuen, den Zustand von 1996 wiedergebenden und modernsten Ansprüchen gerecht werdenden ausgezeichneten Abbildungsvorlagen dieses Buches verdankt werden, ging bereitwillig und sehr geduldig auf die zahlreichen Sonderwünsche und vor allem auch auf Bitten um Verbesserungen ein. Ihm gebührt nicht zuletzt dafür ein herzlicher Dank. Die Zusammenarbeit mit ihm als Verleger und Fotograf wurde gefördert durch die wachsende Freude am langsam entstehenden gemeinsamen Werk.

Edgar Lehmann, Gerhard Leopold und Peter Ramm haben sich der Mühe unterzogen, den Text dieses Bandes gründlich durchzusehen. Ich danke ihnen sehr für zahlreiche Detail-Erörterungen und Verbesserungen. Ihr Urteil und ihre Hilfe erleichterten den endgültigen Entschluß zur Publikation, der dann doch immer wieder schwer fällt. Herrn Restaurator Friedhelm Wittchen, der die Entstehung dieses Bandes mit Rat und Tat unterstützt hat, danken Bild- und Textautor gleichermaßen.

*Halle, im April 1996*                    *Ernst Schubert*

### DIE ANFÄNGE VON STADT UND DOM

Die Entstehungsgeschichte der Stadt Naumburg beginnt an der Wende vom 10. zum 11. Jahrhundert. Einzelheiten sind ebenso wenig bekannt wie feste Daten. Als Gründer sieht die Forschung nunmehr einhellig den Markgrafen Ekkehard I. von Meißen, der von 985 bis 1002 regierte. Sein Stammsitz lag ursprünglich auf dem Kapellenberg, einem flachen Bergsporn bei Kleinjena/Kreis Naumburg am linken Ufer der Saale, wurde aber um das Jahr 1000, wie angenommen wird, auf eine Anhöhe am gegenüberliegenden jenseitigen Saaleufer verlegt. Der Markgraf ließ dort nicht nur eine neue Burg errichten, sondern auch das Burgstift aus Kleinjena in die unmittelbare Nähe dieser neuen Burg, die der Stadt Naumburg dann den Namen gab, umziehen. Man erfährt nun sogar Einzelheiten: Das Burgstift mit der Familiengrabstätte wurde nach „Naumburg" übertragen und den Kaufleuten nahegelegt, am neuen Sitz der markgräflichen Familie zu siedeln: Im Sommer 1032 sicherte nämlich Bischof Kadaloh (1032–45) den nach Naumburg umziehenden Kaufleuten für ihre Grundstücke Zinsfreiheit und freies Verfügungsrecht zu. Zuvor hatte er für sie von Kaiser Konrad II. (1024–39) die Handelsfreiheit erwirkt. Die im Original und mit dem kaiserlichen Siegel erhaltene Urkunde kann als die älteste deutsche Stadtgründungsurkunde bezeichnet werden.

Markgraf Ekkehard I. verfolgte mit der Verlegung seines Stammsitzes politische Ziele, und seine Söh-

ne, die Markgrafen Ekkehard II. (1028–46) und Hermann (1009–31), haben nach anfänglich großen Schwierigkeiten bei dem Antritt ihres Erbes und der Übernahme der Nachfolge das Werk ihres Vaters erfolgreich ausgebaut. Mit der Verlegung der Burg von dem einen Saaleufer an das andere überschritt Ekkehard I. nämlich eine respektierte Grenze und trug seinen Macht- und Herrschaftsanspruch demonstrativ aus dem sächsischen deutschen in das slawische Land hinein. – Er hatte auch andere hochfliegende Pläne: Als Kaiser Otto III. im Jahre 1002 erst einundzwanzigjährig vor den Toren Roms starb, wollte er dessen Nachfolge antreten, und er hätte dieses hohe Ziel beinahe erreicht, wäre er nicht in demselben Jahre in dem Kloster Pöhlde im Harz ermordet worden.

Die neue Burg war damals offenbar noch nicht vollendet; denn auch Ekkehard I. wurde noch in dem Burgstift in Kleinjena bestattet. Erst seine Söhne ließen den väterlichen Leichnam mit den Bestattungen anderer Familienangehöriger in die neue Klosterkirche der heiligen Maria und des heiligen Georg bei Naumburg – nordwestlich vom Dom – überführen, sobald der Neubau es zuließ.

Die Markgrafen Hermann und Ekkehard II. erbauten am Fuße des Naumburger Burghügels eine stattliche Burgstiftskirche. Diese wird um das Jahr 1021 in der Merseburger Bischofschronik als „praepositura noviter fundata", als neu gegründete Propstei erwähnt. Sie hat auf dem Platz gestanden, den später der Westchor des Naumburger Doms einnahm.

Zwei hohe Mauern von ihr sind erhalten geblieben, und Teile des Fundamentrosts konnten archäologisch nachgewiesen werden. Das apsidial oder platt geschlossene Sanktuarium dieser einschiffigen Saalkirche flankierten quadratische Türme. Bestattungen aus vorromanischer Zeit, vermutlich im frühen 11. Jahrhundert angelegt, kamen östlich ihres Sanktuariums zu Tage. – Der Westchor des Doms übernahm nicht nur die Stelle, an der die Burgstiftskirche, die neu gegründete Propstei, stand, sondern auch deren liturgische Funktion. Aber bis dahin vergingen weit mehr als zweihundert Jahre, wie sich zeigen wird.

Zuvor muß wenigstens kurz über das wichtigste Ereignis aus der Frühgeschichte Naumburgs berichtet werden, über die Verlegung des Bischofssitzes von Zeitz nach Naumburg, die Papst Johannes XIX. im Dezember des Jahres 1028 genehmigte.

## DIE VERLEGUNG DES BISCHOFSSITZES VON ZEITZ NACH NAUMBURG

Nach jahrelangen Bemühungen war es Kaiser Otto dem Großen im Jahre 968 gelungen, Magdeburg, wo er seit seiner Jugend am liebsten residierte, zum Sitz eines Erzbischofs, zur Metropole, zu erheben. Merseburg, Zeitz und Meißen erhielten gleichzeitig neue Bischofssitze, und ihre Oberhirten wurden dem Magdeburger Erzbistum unterstellt. Alle vier Orte, Magdeburg, Merseburg, Zeitz und Meißen, lagen an der Ostgrenze des Reiches und hatten die Aufgabe, die Mission in Richtung Osten voranzutreiben. Als Grenzposten waren sie gefährdet. Heftige Streitigkeiten und kämpferische Auseinandersetzungen mit den Slawen jenseits von Elbe und Saale waren und blieben dort an der Tagesordnung.

Der Bischofssitz in Zeitz wurde gegen Ende des 10. und im ersten Viertel des 11. Jahrhunderts offenbar mehrfach von den Slawen erstürmt und eingenommen. Archäologisch nachgewiesene Brandschichten in unmittelbarer Nähe des romanisch/gotischen Doms deuten auf tiefgreifende Zerstörungen hin. Der Gedanke, die bischöfliche Residenz von Zeitz nach Naumburg zu verlegen, wo Markgraf Ekkehard I. eine neue Burg hatte erbauen lassen und seine Söhne, die

Markgrafen Hermann und Ekkehard II., eben diese modern befestigte Anlage bewohnten, lag deshalb nahe. Die Verlegung eines Bischofssitzes an einen anderen Ort war aber ein ganz ungewöhnlicher Schritt, und der deutsche Kaiser Konrad II. benötigte dafür die Genehmigung des Papstes in Rom. Der Wortlaut der päpstlichen Urkunde, ausgestellt im Dezember 1028, trägt allen diesen Umständen Rechnung. Der Papst betonte nämlich nachdrücklich, daß er die Verlegung des Bischofssitzes auf Wunsch des Kaisers Konrad genehmigt habe und daß sie durchgeführt werden sollte, weil Naumburg ein befestigter Ort wäre und in einiger Entfernung von dem Feinde läge, der es gewohnt sei, den Bischofssitz in Zeitz auszuplündern. Vier Jahre später, im Dezember 1032, bestätigte der Kaiser bereits den Vollzug mit dem Hinweis, „er habe den Bischofssitz, den sein verehrter Stammvater Otto in dem Orte Zeitz errichtet hatte, wegen der Festigkeit des Friedens und der Mehrung der Religion nach Naumburg übertragen".[2]

Die Frage, ob die in der Genehmigungsurkunde Papst Johannes XIX. dargelegten Gründe für die Übertragung des Bischofssitzes den Tatsachen entsprechen oder nicht, ist von der Forschung mehrfach erörtert worden. Sie reduziert sich letztlich auf die Überlegung, in wessen Interesse die ungewöhnliche und folgenschwere Maßnahme ergriffen wurde: Im Interesse des damaligen Zeitzer Bischofs Hildeward, Kaiser Konrads II. oder der beiden Söhne Markgraf Ekkehards I., die sie durch ihre umfangreichen Schenkungen ermöglichten. Tatsächlich war die Verlegung für alle diese Beteiligten ein großer Gewinn. Bischof Hildeward vermehrte die Sicherheit und die Besitzungen seiner Kirche; der Kaiser konnte den an der slawischen Grenze gelegenen und deshalb dauernd von slawischen Einfällen bedrohten Bischofssitz nun im Schutze einer modernen Befestigung wissen; und die Markgrafen erhöhten das Ansehen ihres neuen Stammsitzes – was nicht zuletzt im Hinblick auf die Dignität der Kirche, in der sie selbst einmal bestattet werden würden, von großer Bedeutung war. Die markgräfliche Familie konnte nun nämlich künftig in einer Bischofskirche, in einem hochstiftischen Dom, zur letzten Ruhe gebettet werden.

### DER FRÜHROMANISCHE DOM

Der Aufbau des frühromanischen Doms ist spätestens kurz nach der Genehmigung der Verlegung des Bischofssitzes begonnen worden, also im Frühjahr 1029. Aber weder die Grundsteinlegung noch der Baubeginn können archivalisch belegt werden. Auch andere Baunachrichten sind nicht überliefert. An der feierlichen Schlußweihe, die vor dem Jahre 1044 stattfand, nahm Bischof Hunold von Merseburg teil, der von 1036 bis 1050 regierte.

Schon der erste Naumburger Dom war den Aposteln Petrus und Paulus geweiht – wie die 968 begründe-

te Zeitzer Kathedrale. Außer dem Hauptaltar werden der Kreuzaltar, ein Altar Johannes des Evangelisten, dem Bischof Udo von Naumburg im Jahre 1137 ein Lehen übertrug, und ein Altar des heiligen Stephan, des Patrons des Halberstädter Doms also, erwähnt.

Um die einzige Nachricht, die den frühromanischen Naumburger Dom unmittelbar betrifft, hier nicht zu übergehen: Im Jahre 1152 bestimmte Bischof Wichmann (1149-54, 1152-92 Erzbischof von Magdeburg) einen jährlichen Zins von 30 Solidi zur Unterhaltung des Domdaches, das damals demnach schadhaft war.

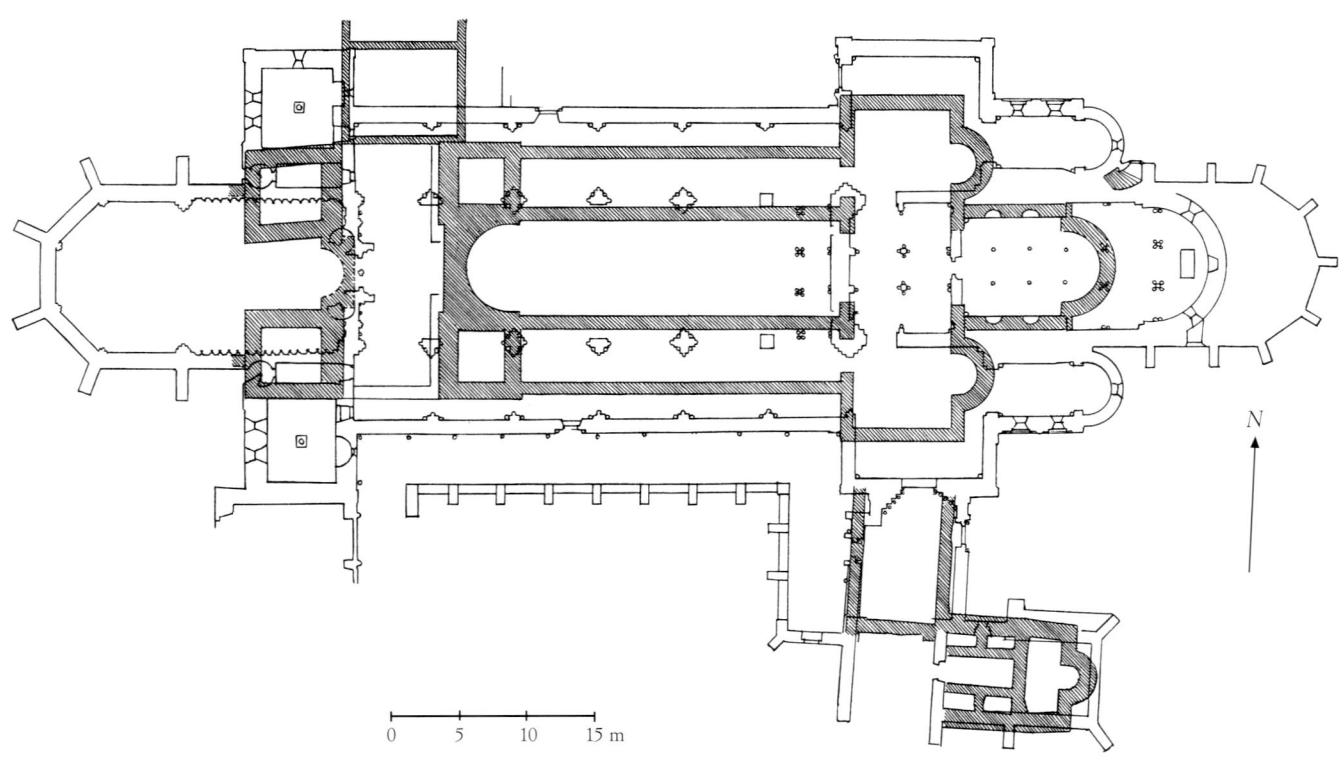

0    5    10    15 m

*Grundriß des frühromanischen Doms*

Da die literarischen Quellen so spärlich fließen, konnten nur archäologische Untersuchungen, Ausgrabungen, weitere Kenntnisse über den frühromanischen Naumburger Dom zu Tage fördern. Im Verlaufe einer Restaurierung in den Jahren 1874–78 konnten erste Feststellungen zum Grundriß des Bauwerks getroffen werden. Diese wurden dann bei gezielten Ausgrabungen gelegentlich von Instandsetzungen in den Jahren 1948 und besonders 1961–65 als erste Anhaltspunkte benutzt und sehr weitgehend korrigiert. Alle diese aufwendigen Bemühungen erlaubten eine detaillierte Beschreibung des Grundrisses und wesentlicher Teile des Aufrisses der ersten Naumburger Domkirche.

### GRUNDRISS UND OSTKRYPTA DES FRÜHROMANISCHEN DOMS

Der frühromanische Dom, eine kreuzförmige dreischiffige Basilika, besaß einen quadratischen Ostchor mit einer halbrunden eingezogenen Apsis. Sein Querhaus, dessen Vierung nicht ausgeschieden war, setz-te sich aus drei Quadraten von gleicher Größe wie das Chorquadrat zusammen und wies halbrunde Nebenapsiden an den Armen auf. Das Mittelschiff erstreckte sich über drei weitere solcher Quadrate und wurde flankiert von Seitenschiffen aus je sechs Quadraten halb so großer Grundfläche. Von den Arkadenstützen des Langhauses wurde bei den archäologischen Untersuchungen nichts mehr gefunden. Für den Westbau benutzte man je eines der Seitenschiffsquadrate als Grundfläche für einen Turm in der Fortsetzung der Seitenschiffe. Zwischen den beiden Türmen war eine halbrunde Apsis eingebaut. Diese war aber von außen nicht sichtbar, weil die Westwände der Türme eine gerade Wand verband, die das Apsisrund verbarg.

In der Mitte des Untergeschosses dieser Apsis lag eine Holzsarg-Bestattung, vermutlich das Grab des Stifters des Westteils der Kirchenanlage. Im Geschoß darüber wird ein Altar gestanden haben. Er kann aber nicht mehr nachgewiesen werden. – Das Hauptportal des frühromanischen, des ersten Naumburger Doms darf demnach nicht in der Westfassade gesucht werden. Vielleicht führte der Haupteingang – wie in

*Kapitelle im mittleren Raumabschnitt der Krypta um 1160/70*

*Kapitelle im mittleren Raumabschnitt der Krypta um 1160/70*
*(Seiten 12/13) Die Krypta nach Osten*

*Das romanische Kruzifix in der Krypta*

15

dem spätromanisch-gotischen Nachfolger – in den Südarm des Querhauses?

Dem Grundriß zufolge war der frühromanische Naumburger Dom offenbar ein typisch sächsisches und stilgeschichtlich konservatives Bauwerk: Alle Abmessungen können auf das Quadrat in der Kreuzung von Lang- und Querhaus zurückgeführt werden. Die frühromanische Naumburger Hauptkirche wies wahrscheinlich keine bemerkenswerten Besonderheiten auf, und ihre Größe war eher mittelmäßig oder bescheiden denn beeindruckend.

Abgesehen von den gewiß notwendigen Dachreparaturen sind am frühromanischen Dom vermutlich über eineinhalb Jahrhunderte keine wesentlichen Ausbesserungen vorgenommen worden. Größere Eingriffe konnten offenbar vermieden werden. Erst gegen 1160/70 entschloß man sich, unter dem Ostchor eine Hallenkrypta einzubauen – den mittleren Teil der bestehenden Krypta. Um den Chor über der Krypta nicht zu hoch anheben zu müssen, legte man das Fußbodenniveau der Krypta erheblich tiefer als das des Quer- und Langhauses. Eine Folge davon war es, daß an den Innenwänden des Chors die weniger gut bearbeiteten Fundamente zum Vorschein kamen. Deren Verbreiterungen wurden damals abgeschlagen. Eine in etwa 1m Höhe über dem Fußboden des Mittelteils der Krypta an beiden Wänden horizontal durchlaufende Fuge trennt das ehedem breitere Fundament von dem aufgehenden Mauerwerk. Das Fundament besteht übrigens aus härteren Steinen als die Mauer darüber. Oberhalb jener Fuge war das Mauerwerk schon im frühromanischen Dom sichtbar gewesen – als Chorwand, die auf jeder Seite zwei Muldennischen gliederten. Diese Nischen mußten vermauert werden, als die Krypta eingebaut wurde.

Der ältere mittlere Teil der Krypta besteht aus drei Schiffen zu je drei Jochen. Die Last der neun Kreuzgratgewölbe nehmen sechs Freisäulen, vier Wandsäulen in den Ecken des fast quadratischen Raums und je zwei Wandpfeiler zwischen ihnen auf. Die attischen Basen der schönen Freisäulen sind alle gleichförmig. Ein Ring vermittelt zwischen der Basis und dem nach oben verjüngten, verhältnismäßig schlanken und bei jeder Säule anders verzierten Schaft. Ein zweiter Ring in jeweils gleicher Ausformung grenzt den Schaft gegen das Kapitell ab. Beide Ringe sind passend zur Schaftverzierung ornamentiert, diese gleichsam fortsetzend. Die gedrückten Würfelkapitelle zeigen wenig unterschiedliche Varianten des typisch romanischen Palmettendekors. Hier ist die Reliefschicht verhältnismäßig flach und die Palmetten wirken, wie in dieser Zeit üblich, nicht wie mehr oder weniger lebendige Pflanzen, sondern wie stilisierter Schmuck. Sicher haben sie auch die Bildhauer in erster Linie als Ornament verstanden.

Dem Raum fehlt seit dem frühen 13. Jahrhundert der östliche Abschluß. Damals wurde nämlich die frühromanische Apsis herausgebrochen, um die Krypta nach Osten erweitern zu können. Der mittlere Abschnitt der Krypta, der einzige sichtbare Rest des ersten Naumburger Doms, wenn auch erst lange nach dessen Vollendung in den frühromanischen Ostchor eingefügt, wird zu den bedeutendsten Zeugen der Kunst des sich entwickelnden spätromanischen Stils in Mitteldeutschland gerechnet.

DER BEGINN DES SPÄTROMANISCHEN
NEUBAUS

Bedeutende, auch in der Reichsgeschichte hervorgetretene und geschickt den Besitz vermehrende Oberhirten haben im 12. und 13. Jahrhundert die wirtschaftliche Lage des Bistums Naumburg beträchtlich verbessern können. Man wundert sich deshalb nicht darüber, daß auch in Naumburg im frühen 13. Jahrhundert an einen großen Domneubau gedacht wurde, zumal da man zu dieser Zeit alle bischöflichen Dome der Erzdiözese Magdeburg durch Neubauten zu ersetzen begann. Zu Reichtum gekommen oder doch wenigstens reicher geworden, erwachte bei den Bischöfen und in den Domkapiteln die Baulust, und alle damals angefangenen Kirchenbau-Vorhaben waren nicht nur moderner in Architektur und Bauornamentik, das kann man in der Regel erwarten, sondern auch größer als die ihnen geopferten älteren Anlagen.

Niemand weiß, wie die Erneuerung des Naumburger Doms um 1210, als man zu bauen begann, hatte aussehen sollen; denn es hat Änderungen der Bauplanung gegeben. Man kann sie bis auf den heutigen Tag an dem Bauwerk selbst ablesen. Die Vergrößerung freilich dürfte von Anfang an festgestanden haben, und man war auch entschlossen, den romanischen Grundriß, soweit möglich, beizubehalten. Das empfahl sich aus praktischen Gründen. Die Gottesdienste mußten und sollten in dem Neubau in der gleichen Weise gefeiert werden wie in seinem Vorgänger. Deshalb mußte auch die Anzahl und die Lage der Altarstellen im wesentlichen unverändert bleiben.

Es war klar, daß das Gelände um den alten Dom nunmehr auf viele Jahrzehnte Bauplatz sein würde, und es mußte dafür gesorgt werden, daß der Gottesdienst solange in der alten Kirche zelebriert werden konnte, bis ein dafür geeigneter Raum des Neubaus zur Verfügung stand. – Der spätromanische Naumburger Dom ist fast an allen Seiten ganz dicht um den frühromanischen Dom herum beziehungsweise an ihn heran gebaut worden. Nur an einer Stelle verzichtete man darauf: Die Westwand des Querhauses wurde an der gleichen Stelle belassen, die sie auch im frühromanischen Dom einnahm.

Die spätromanischen Bauteile des Doms entstanden in der ersten Hälfte des 13. Jahrhunderts. Die Arbeiten begannen, wie bereits gesagt, um 1210 und konnten noch vor der Mitte des 13. Jahrhunderts abgeschlossen werden.

Nachdem der Plan, einen neuen Dom zu bauen, gefaßt war, mußten sich die Geistlichen auch darüber Gedanken machen, wie künftig die Wohngebäude des Klerus aussehen sollten; denn die frühromanische Klausur, wo man bis dahin gemeinsam gelebt hatte, konnte nicht unverändert beibehalten werden.

NORD- UND SÜDKLAUSUR

Der erste Naumburger Dom hatte, wie die archäologischen Ausgrabungen der Jahre 1961–65 erwiesen, eine Klausur an seiner Nordseite. Der Anschluß dieser Klausur an den frühromanischen Dom war nun nicht mehr zu halten; ihre Kontaktstellen mit dem alten Dom mußten aufgegeben werden, um die Baufreiheit für die Fundamente des neuen, größeren, des

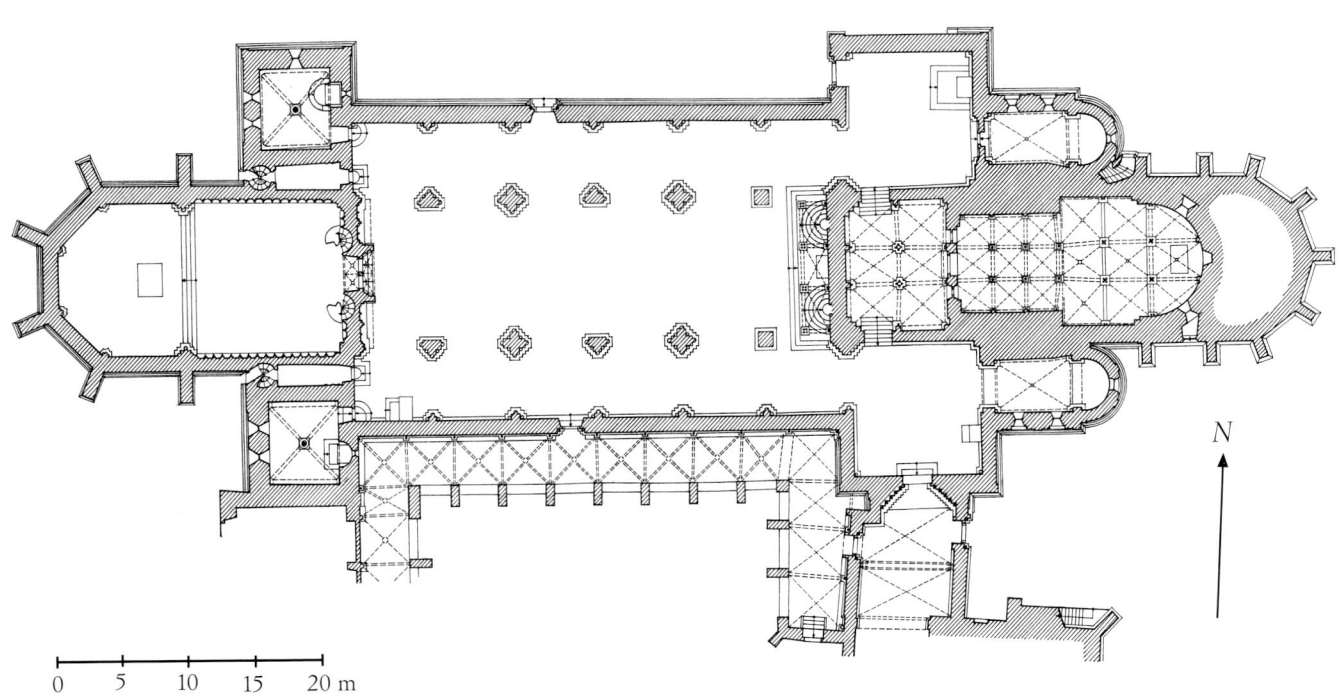

0   5   10   15   20 m

*Grundriß des bestehenden Doms*

spätromanischen Bauwerks zu schaffen. Tatsächlich ist der Abbruch eines Teils der frühromanischen Klausur an der Nordseite des Doms schon bald vorgenommen worden. Er kann sogar – wenigstens indirekt – durch eine Urkunde datiert werden: 1213 wurde über die Finanzierung „der Wiederherstellung der Gebäude unserer Kirche", der Klausur des Naumburger Doms, verhandelt.

Die neue, die spätromanische Kloster-Anlage an der Nordseite des Doms ist zu unbekannter Zeit abgebrochen worden – vermutlich erst im 18. Jahrhundert. Sichtbare Reste ihres Kreuzgangs sind die Schildbögen und die Gewölbekonsolen außen an der Westwand des Nordarms des Querhauses, am nördlichen Seitenschiff und an der Ostwand des Nordwestturms. Sie sind alle gleichzeitig mit dem umliegenden Mauerwerk hergestellt worden. Der Kreuzgang gehörte also zur ersten Planung.

Daß er sehr wahrscheinlich insgesamt fertiggestellt wurde, zeigt unter anderem eine polygonale und gewölbte kleine Apsis, die sich in der Südwestecke

des Hauses Domplatz 3, einer ehemaligen Domherrenkurie, erhalten hat. Vermutlich handelt es sich dabei um einen Rest der Kapitelsaal-Kapelle am Ostflügel der Klausur, und dazu paßt ausgezeichnet, daß die zu erwartende Pforte vom Ostflügel der Klausur in den Nordarm des Querhauses nachgewiesen werden kann. Sie ist vermauert, aber in der Nordwand des Querhauses von außen gut erkennbar. Auch daß an dieser Wand der sonst am Naumburger Dom überall vorhandene mächtige Sockel teilweise fehlt, ist eine Folge des Anschlusses des Ostflügels der Klausur; denn dort, wo das Klausurgebäude direkt an das Querhaus stieß, war der Sockel natürlich überflüssig; er hätte sogar gestört.

Wann der östliche – und ebenso die anderen drei Kreuzgangflügel und Klausurtrakte – errichtet wurden, wird sich wahrscheinlich nicht mehr feststellen lassen. Der polygonale Abschluß der zugehörigen kleinen Kapitelsaal-Kapelle wird erst um 1270 hinzugekommen sein. Für diese Entstehungszeit sprechen das Rippengewölbe, die Rippenprofile und die Kon-

*Nördliches Seitenschiff und Ansatz des Querhauses von Nordwesten*

solen. – Hinzuweisen ist in diesem Zusammenhang auch auf die gewölbten Keller unter und neben der ehemaligen Kurie Domplatz 4, die sehr wahrscheinlich über den Fundamenten des Nordflügels der Klausur errichtet worden ist.

Auch an der Südseite des Doms wurde eine Klausur angelegt, und die Tatsache, daß man an einer Kathedrale fast gleichzeitig nicht nur einen, sondern zwei Kreuzgänge, zwei vollständige Klausuren erbaute, ist sehr auffällig, wahrscheinlich sogar singulär. Da aber der Naumburger Dom spätestens von der Mitte des 13. Jahrhunderts an zwei geistliche Körperschaften beherbergt haben muß, das Domkapitel des Hochstifts und das der alten Burgstiftskirche, für die der Westchor erbaut wurde, liegt die Erklärung nahe, daß jedes der beiden Kapitel einen eigenen Kreuzgang beanspruchte.

Die Südklausur ist zwar mehrfach verändert worden, aber zu großen Teilen erhalten geblieben. Im wesentlichen stammt sie noch aus der ersten Hälfte des 13. Jahrhunderts. Das erweisen nicht nur die Bauformen des Ost- und Nordflügels des Kreuzgangs, sondern auch literarische Zeugnisse. Der Westflügel und die Reste des Südflügels sind nur im Kern noch spätromanisch.

Je ein Portal vermittelt den Zugang von Norden und Süden in das nördliche bzw. südliche Seitenschiff des Doms. Zusätzlich gibt es auf der Nordseite ein Portal in den Nordarm des Querhauses und auf der Südseite eine Pforte in die Vorhalle des Doms, von wo aus man sowohl in den Südarm des Querhauses als auch in die bischöfliche Hauskapelle, die Nikolauskapelle, ehemals die capella regia des Naumburger Doms, gelangt.

In der Größe haben sich die beiden Klausuren vermutlich nicht unterschieden, obwohl die eine für die Kapitularen des bischöflichen Doms und die andere für die der Ekkehardingischen Stiftskirche, also für die wenigen Herren einer vergleichsweise kleinen geistlichen Institution vorgesehen gewesen sein dürfte. Auch läßt sich bisher nicht sicher entscheiden, welche Klausur zu welcher Zeit dem Klerus der

*Der Westflügel des Kreuzgangs an der Südseite des Doms nach Norden*

*Eingangsportal der Marienkirche im Südflügel des Kreuzgangs*

20

einen oder der anderen Kirche – des Doms oder der Stiftskirche – zur Verfügung stand.

Für die Datierung der Südklausur des Doms kann eine Urkunde aus dem Jahre 1247 herangezogen werden. Sie erwähnt den Abbruch eines Pfarrhauses, das laut Urkundentext zwischen dem Dom und einer Marien-Pfarrkirche südlich neben dem Dom gestanden hat. Die Niederlegung des Gebäudes wird begründet mit der Feststellung, das Pfarrhaus verunstalte den Platz: „quia locum deformare videbatur".[3] Man wird aus diesen Worten nicht auf die Baufälligkeit des Hauses schließen, sondern eher annehmen dürfen, daß es dem Bau der Klausur im Wege stand. Vermutlich wurde der Aufbau des Osttrakts der Domklausur von dem Pfarrhaus behindert. Vielleicht störte das Gebäude aber auch nur deshalb,

weil es den Anblick der neuen Klausur von Osten her beeinträchtigte. Fallen mußte es jedenfalls wegen des Klausur-Neubaus.

## GRUNDRISS UND KRYPTA DES SPÄTROMANISCHEN DOMS

Der in allen Räumen gewölbte spätromanische Naumburger Dom ist im gebundenen System errichtet worden, setzt sich also aus Quadraten nach dem Maße der Vierung – oder halb so großen – zusammen. An die Vierung schließen östlich das Chorquadrat, nördlich und südlich je ein Quadrat für die Querhausarme und westlich drei Mittelschiffsquadrate an. Die Seitenschiffsjoche haben ebenfalls quadratischen

*Der westliche Vorraum der Krypta von Südwesten*

21

*Spätromanisches Kapitell im östlichen Raumabschnitt der Krypta*
*(Seite 23) Die Krypta nach Osten*

Grundriß, aber mit halb so langen Seiten wie die Vierung. Jedes Mittelschiffsjoch hat also je zwei Seitenschiffsquadrate neben sich. – Der Chor mündete in eine eingezogene große Apsis, die aber schon um 1330 zum größten Teil abgebrochen wurde, um einen geräumigeren und modernen, einen hochgotischen Abschluß anzufügen. Erhalten blieb nur der untere Teil der spätromanischen Apsis, die Apsis der Krypta, und diese vermittelt eine Vorstellung davon, wie die Chorapsis ausgesehen hat. Unter dem hochgotischen Niveau des Chor-Fußbodens könnte man die aufwendig dekorierten unteren Teile der spätromanischen Chorapsis freilegen. Da sie nur zwei bis drei Generationen lang Wind und Wetter ausgesetzt waren, sehen sie wie eben erst geschaffen aus. Mit dem Bauschutt und dem Aushub der hochgotischen Chorverlängerung verfüllt, werden diese spätromanischen Reste zwangsläufig weiterhin konserviert. Man kann sie aber nicht zugänglich machen, ohne den spätromanisch/gotischen Chorraum empfindlich zu beeinträchtigen.

Die Krypta erstreckt sich von der Apsis bis zum Lettner. Sie besteht aus drei Räumen. Man betritt sie über Treppen, die von den Querhausarmen in den querrechteckigen, sechsjochigen westlichen Vorraum aus der Zeit um 1220/30 führen. Diesen scheidet eine Wand mit Portal und Okulus von dem um Mauerstärke schmaleren ältesten Teil der Krypta, der um 1160/70 in den frühromanischen Dom eingefügt worden war. Der daran anschließende wieder breitere östliche Abschnitt wurde um 1210 errichtet.

In dem westlichen Vorraum und in dem östlichen Raumabschnitt haben die Säulen und Wandpfeiler sowie die Stützen aus vier freistehenden Säulen, die um einen schlanken quadratischen oder runden Pfeilerkern angeordnet sind, Basen und Kapitelle unterschiedlicher Form. Die Säulenbündel sind nicht nur besonders kunstvolle Erfindungen, sondern auch vergleichsweise seltene Architekturglieder.

Für den ältesten, den mittleren Teil der Krypta wurden noch Würfelkapitelle mit flachem Palmettendekor verwendet, in den beiden Raumabschnitten aus dem ersten Drittel des 13. Jahrhunderts Kelchblockkapitelle mit tief unterschnittenem pflanzlichem Dekor, der die nun auch in den deutschen Lan-

den beginnende frühgotische Verlebendigung bereits ahnen läßt: die stilisierten Pflanzen scheinen den Saft des Lebens eingesogen zu haben und in verhaltene, dynamische Bewegung zu geraten.

### DIE VIER TÜRME

Sowohl in den Winkeln zwischen dem Querhaus und dem Chor als auch am Ende der Seitenschiffe – dort aber nicht mit diesen fluchtend, sondern weit nach außen gerückt – stehen Türme. Die beiden östlichen Türme sind spätromanisch und baueinheitlich aufgeführt, so daß sie einander gleichen. Ihr dreigeschossiger, im Grundriß quadratischer Unterbau besitzt im Untergeschoß Kapellen mit Apsiden, die nach Osten vorspringen und mit steinernen Kegeldächern bedeckt sind. In Höhe des Traufgesimses gehen die Türme in ein regelmäßiges Achteck über, dessen drei Geschosse Gesimse, Rundbogenfriese und biforische rundbogige Fenster und Blendfenster, gliedern. Wand und Gliederungen bestehen hier wie fast überall am Dom aus sehr sauber gefügtem Werkstein. Die dann folgenden spätgotischen Turmaufbauten verziert filigranartig wirkendes, hart geschnittenes Maßwerk auf lang heruntergezogenen Konsolen. Ursprünglich bekrönten diese Türme vermutlich Kegeldächer aus Stein, ähnlich denen der nahe gelegenen Stadtpfarrkirche St. Marien in Freyburg an der Unstrut. Für die Freyburger Westtürme aus dem dritten Viertel des 13. Jahrhunderts hatte man sich nämlich – wie für das ganze reizende kleine Bauwerk – die entsprechenden Teile des Naumburger Doms zum Vorbild genommen.

Die spätgotischen Ergänzungen der Osttürme sind vermutlich erst nach einem großen Brand im Jahre 1532 aufgesetzt worden. Damals mußten die oberen Teile beider Türme erneuert werden. Die barocken Kupferhauben mit den zweigeschossigen Laternen kamen dann in den zwanziger Jahren des 18. Jahrhunderts hinzu. Die drei weit auseinander liegenden Bauzeiten – 13., 16. und 18. Jahrhundert – und die drei ganz verschiedenen Stile – Spätromanik, Spätgotik und Barock – haben die einheitliche Gesamtwirkung der Türme nicht beeinträchtigt – ein ausgezeichnetes Beispiel für die einfühlsame Rücksicht auf den vorhandenen Bestand bei gleichzeitiger Verwendung jeweils neuer, ganz anderer Formen der eigenen Gegenwart.

Auch die drei mächtigen unteren Geschosse der beiden Westtürme steigen über quadratischem Grundriß auf. Sie sind – das Traufgesims ausgenommen – spätromanisch, vor der Mitte des 13. Jahrhunderts aufgeführt und im Äußeren sehr schlicht – nur durch den hohen Sockel, durch Ecklisenen und durch wenige, verhältnismäßig kleine Rundbogenfenster gegliedert. Der Nordwestturm besitzt einen gewölbten Keller mit einem Pfeiler als Mittelstütze. Obwohl man im Südwestturm das Gleiche erwarten kann, ist dort von einem Keller nichts bekannt. Es gibt und gab dort wohl auch nie einen Keller-Eingang wie im Turm gegenüber.

*Die achteckigen Geschosse der Osttürme des Doms*

Im Erdgeschoß des Nordwestturms befindet sich eine der heiligen Elisabeth von Thüringen geweihte Kapelle, die Kapelle im Erdgeschoß des Südwestturms ist den vier Evangelisten geweiht. Beide Räume sind gewölbt. In ihrer Mitte steht jeweils eine kräftige Säule, die die vier Kreuzgratgewölbe trägt. Die Bauornamentik ist spätromanisch und von hoher künstlerischer Qualität. Während der Altar der Elisabethkapelle in eine rechteckige Altarnische eingebunden ist, steht der der Evangelistenkapelle in einer Apsidiole.

Auch das erste Obergeschoß des Nordwestturms besitzt einen Altar, wurde also als Kapelle benutzt. Alle anderen spätromanischen Westturmgeschosse blieben unvollendet. Einfache Holzdecken trennen die Stockwerke voneinander.

Auf den mächtigen, quadratischen, blockhaften, dreigeschossigen, spätromanischen unteren Teilen der Westtürme steigen jeweils drei offene, die Wand negierende, gotische Geschosse auf. Aber nur die des nördlichen Turms sind mittelalterlich, die des südlichen, der erst kurz vor der Wende vom 19. zum 20. Jahrhundert vollendet wurde, geben sich bei näherem Hinsehen als pseudogotische Zutaten zu erkennen, deren Formen auf Reisen nach Laon und Bamberg – oder auf Grund von Photos der Türme dieser Kathedralen – ermittelt wurden, Turmgeschosse in solider, gründerzeitlich exakter Symmetrie, bekrönt von einem Halbgeschoß, das den großen Haupthelm, begleitet von vier kleinen Helmen trägt. Sie sind alle mit Kupferblech beschlagen. Auch der Nordwestturm erhielt gegen Ende des 19. Jahrhunderts eine neue Bedachung, und zwar in der gleichen Form wie sein südliches Gegenüber. Man wird es zu Recht bedauern, daß er 1884 seine schöne steile Haube und Laterne von 1558/63 einbüßte, um diese neue pseudogotische Gestaltung verwirklichen zu können.

Wäre die Haube auf dem Turm geblieben, hätte der symmetrischen Ostturmpartie im Westen immer eine unsymmetrische geantwortet; denn den neuen „gotischen" Turm hätte man am Ende des 19. Jahrhunderts ganz gewiß nicht mit einer (pseudo-) frühbarocken Haube versehen. – Die Bekrönung beider Westtürme mit den gleichförmigen, pseudogotischen,

*Hof des Kreuzgangs und Südwestturm des Doms*

*Blick aus dem Westflügel des Kreuzgangs nach Nordosten*

verkürzten Obergeschossen und Turmhelmgruppen und die – freilich nur bei flüchtiger Betrachtung – sich einander insgesamt ähnelnden „gotischen" Westtürme des Naumburger Doms, denen im Osten ein insgesamt gleichförmig aufgebautes, im wesentlichen romanisches Turmpaar antwortet, grüßen jeden Besucher schon von Ferne, und sie bleiben im Gedächtnis – als einprägsames Charakteristikum der Gesamtanlage.

Die drei hoch- und spätgotischen Geschosse des Nordwestturms haben Generationen beschäftigt. Nur das erste, das niedriger, gedrungener und fester wirkende hochgotische Geschoß mit voll ausgebildeten Säulen konnte noch im 13. Jahrhundert bewältigt werden. Seine Bauornamentik zeigt, daß die Frühgotik des Westchors hier an Kapitellen und Friesen bereits der neuen, wieder viel mehr stilisierten und flächigen, zuweilen auch metallisch verbeulten hochgotischen Formenwelt Platz gemacht hat. Die hier im Vergleich mit dem Westchor viel gröberen Pflanzen-Bildungen sind aber natürlich auf Fernsicht berechnet. Während dieses Geschoß wohl unmittelbar nach der Vollendung des Westchors, also um 1260 oder kurz danach errichtet wurde, kann das nächste, spätgotische, schlanker wirkende und vergleichsweise schlichte aus stilgeschichtlichen Gründen erst in der zweiten Hälfte des 14. Jahrhunderts aufgeführt worden sein. Und das dritte, wieder reichere, obere Geschoß erinnert mit seinem Dekor-Aufwand noch an die Architektur des sogenannten „Weichen" Stils des frühen 15. Jahrhunderts.

Der Aufbau des Nordwestturms dauerte also Jahrhunderte, und der Südwestturm blieb bis gegen Ende des 19. Jahrhunderts ein Torso. Sowohl Kriege als auch die hohen Kosten für den Dom-Neubau hatten die finanziellen Mittel des Bistums schon in der zweiten Hälfte des 13. Jahrhunderts weitgehend aufgezehrt, und nach einer Konsolidierung der Finanzen zu Beginn des 14. Jahrhunderts und nach neuen Stiftungen wandte man sich nicht dem Auf- und Ausbau der Westtürme, sondern einer Vergrößerung und Modernisierung des Ostchors zu. Ehe davon berichtet werden kann, ist aber von dem spätromanischen Bauwerk zwischen den beiden Turmpaaren und von dem frühgotischen Westchor zu sprechen.

Am Außenbau sind alle spätromanischen Teile des Doms leicht erkennbar: Lisenen fassen die Ecken ein und – die Unterbauten der Westtürme ausgenommen – ein kräftiger Rundbogenfries trägt das Traufgesims. Auch ein vergleichender Blick auf die Fensterformen macht die großen Unterschiede zwischen der spätromanischen Formenwelt von Lang- und Querhaus sowie der in der ersten Hälfte des 13. Jahrhunderts entstandenen Türme auf der einen Seite und des frühgotischen Westchors und der hochgotischen Verlängerung des Ostchors auf der andern unmittelbar einsichtig. Die spätromanischen Fenster sind verhältnismäßig klein, rundbogig und schlicht. Dagegen sind die gotischen Fenster groß, spitzbogig und aufwendig dekoriert. Pfosten unterteilen sie in Bahnen, und sie besitzen verschieden geformtes Maßwerk. Die Strebemauern am spätromanischen Langhaus erheben sich nur wenig über die Dächer der Seitenschiffe, ein ebenso einfacher, wie ungegliederter Stützapparat für die Gewölbe, der im Dachraum der Seitenschiffe nur schmale Durchgänge ermöglichte. Die beiden Chöre dagegen fassen ringsherum Strebepfeiler mit Wasserschlägen und Wasserspeiern ein.

Den früh- und hochgotischen Rippengewölben der Ostchorverlängerung, des Westchors und des westlichen Jochs des Mittelschiffs entsprechen in den spätromanischen Räumen rippenlose Kreuzgratgewölbe. Große Räume – wie das Mittelschiff und das Querhaus des Naumburger Doms – zu überwölben, wagte man im mitteldeutschen Sachsen und Thüringen erst seit dem späteren 12. Jahrhundert, und man hat damit auch im spätromanischen Naumburger Dom, wie es scheint, noch seine Schwierigkeiten gehabt. Im Inneren des Doms sieht man davon nichts, wohl aber, wenn man einmal über den Dachboden des Mittelschiffs geht. Die drei Gewölbe, hier drei hohe Erhebungen wie kleine Hügel, haben – obwohl sie gleich große Joche überspannen – verschiedene Höhe. Das zuerst gebaute östliche Gewölbe steigt am höchsten auf, und nach Westen zu nimmt die Höhe dann ab. Der Schluß aus dieser Feststellung, daß man zu Beginn der Wölbe-Arbeiten noch Bedenken bezüglich der Festigkeit der Gewölbe hat-

*Die Vespergruppe auf dem Altar der Evangelisten-Kapelle, um 1310*
*(Seite 29) Das südliche Seitenschiff nach Westen*
*(Seite 30) Blick durch das südliche Seitenschiff nach Osten*

31

te und deshalb stärkere Kappen goß als im weiteren Verlauf der Einwölbung, ist naheliegend.

Im Inneren sind Lang- und Querhaus nicht nur durch die Verschiedenheit der Baustile von den Chören deutlich abgegrenzt, sondern auch durch massive Schranken aus Stein am Ost- und am Westende des Mittelschiffs, durch den Ostlettner, der am Westende der Vierung steht, und durch den sogenannten Westlettner.

Die beiden östlichen Langhauspfeiler, sogenannte „kantonierte Pfeiler" haben einen quadratischen Querschnitt mit abgefasten Ecken, in denen schlanke Halbrundsäulchen aufsteigen. Der zum Teil wohl

*Kapitell am ersten Langhauspfeiler der Südseite*

nur halbfertige, nur angedeutete Dekor der Kapitelle wirkt hier stilistisch auffällig altertümlich, und diesem Befund entsprechen die vergleichsweise steilen Basen. Die beiden quadratischen Pfeiler sind älter als alle anderen im Langhaus. Sie scheinen ein Rest einer spätromanischen Neubau-Planung zu sein, die ein neues Langhaus mit flacher Holzdecke, nicht mit Gewölben, vorsah, und zu dieser Planung hat man gewiß auch die über diesen Pfeilern aufsteigenden Lisenen zu rechnen. Die nur im ersten Mittelschiffs-joch des Langhauses über den Arkaden dachartig vorspringenden Mauerstreifen gehören aber nicht dazu, und eine Erklärung für sie konnte bisher nicht gegeben werden. Vielleicht hatte man vor, sie zu skulptieren?

Die kräftigen spätromanischen Bündelpfeiler dagegen, die an allen anderen Stellen im Schiff, Querhaus und Chorquadrat verwendet wurden, zeigen die Absicht, die Ostteile und das Langhaus einzuwölben. Der Stützen-Vorrat der Bündelpfeiler hätte sogar ausgereicht, nicht nur die Schildbögen mit Wülsten zu betonen, was ja geschehen ist, sondern auch Diagonalrippen aufzusetzen. Aber so weit war die Entwicklung der gewölbten Basilika zur Zeit dieser Planung, also um 1220, in Sachsen noch nicht. Der Versuch, die Gewölbe statt mit Rippen unter den Graten mit weichen Wülsten im Gewölbescheitel zu gliedern, mutet zwar wie ein Übergangsstadium zum Rippengewölbe an, ist aber statisch unsinnig und wohl nur als Versuch einer Dekoration anzusehen.

Der Dekor der Kapitelle der ersten Hälfte des 13. Jahrhunderts zeigt trotz der auf den ersten Blick vielleicht weitgehend einheitlich erscheinenden Gestaltung leicht zu differenzierende zusammengehörige Gruppen mit übereinstimmenden Detailformen. Zwar lassen sich fast alle Einzelformen auf Palmetten-Bildungen – häufig mit diamantierten Rippen – zurückführen, aber die formale Anordnung der Palmettenblätter und nicht zuletzt ihre wechselnden Gestaltungen – neben scharfen ganz weiche Modellierungen – lassen eindringlich und exemplarisch das vielfältige Spiel spätromanischer Ornament-Variationen erkennen und miterleben. Die hohe künstlerische Qualität dieser Kapitelle findet nicht selten zu wenig Beachtung.

Originale Reliefs am Korb der Kanzel von 1466
(Seite 33) Blick durch das Mittelschiff nach Westen
(Seite 34) Die in den Jahren nach 1925 restaurierte Kanzel von 1466

*Blick ins nördliche Seitenschiff von Osten*
*(Seite 37) Blick durch das Mittelschiff nach Osten*

*Sockel und Basis eines spätromanischen Bündelpfeilers des Langhauses*

*Spätromanische Kapitellgruppen, Blick vom nördlichen Seitenschiff nach Südosten*

*Südtreppe zum Ostchor. Die Skulpturen des Handlaufs von Heinrich Apel*

*Nordtreppe zum Ostchor. Die Skulpturen des Handlaufs von Heinrich Apel*

*Details am Handlauf der südlichen Treppe zum Ostchor*

*Anfang des Handlaufs der südlichen Treppe zum Ostchor*

*Details vom Handlauf der nördlichen Treppe zum Ostchor*

*Details vom Handlauf der nördlichen Treppe zum Ostchor*

45

Die Forschung konstatierte zu Recht die rheinische Herkunft dieses kunstvollen Baudekors. Unmittelbar Verwandtes konnte aber bisher nicht nachgewiesen werden. Einige Kapitelle in der St. Andreas-Kirche in Köln werden als Vorstufen angesehen. Auf Einzelheiten einzugehen, würde hier zu weit führen, und zudem empfiehlt es sich, neue Erkenntnisse der gerade wieder in Gang gekommenen Spezialforschung abzuwarten. Ein Vergleich der Kapitelle im mittleren Raumabschnitt der Krypta, der um 1160/70 errichtet wurde, mit allen anderen spätromanischen Kapitellen des Naumburger Doms läßt die Grundtendenz und die weite Spanne der Entwicklung erkennen. Das Würfelkapitell, das bis in das späte 12. Jahrhundert hinein vorherrscht, wird im 13. Jahrhundert generell durch das Kelchblock-Kapitell abgelöst, und der Dekor löst sich gleichzeitig immer mehr vom Fond. Der Meißel des Steinmetzen und Bildhauers dringt immer tiefer in den Kapitellblock

*(oben) Schlußstein im Mittelschiff, 19. Jahrhundert*
*(unten) Schlußsteine im Mittelschiff, Mitte 13. Jahrhundert*

*Spätromanisches Portal im Ostchor, um 1225/30*

ein, und der Dekor liegt nicht mehr nur flach am Kapitellkern an, sondern bildet eine Ornament-Schicht vor dem Kern. Er entmaterialisiert damit die tragende Stelle der Stütze. Auf diese Weise wird die romanische Kapitell-Struktur in eine gotische umgesetzt. Ein ähnlicher Vorgang, der langsame Übergang von der Romanik in die Gotik, ist zu gleicher Zeit auch in der mitteldeutschen Monumentalskulptur zu beobachten, während der Prozeß in der Architektur erst eine Generation später einsetzt.

In der spätromanischen Naumburger Kapitell-Ornamentik kann man drei größere Gruppen unterscheiden: die der scharf geschnittenen Palmettenblätter, die der zumeist diamantierten Zungenblätter und der Rosetten und die wohl jüngste Gruppe mit fleischigen Palmettenstielen und im ganzen weichem, teigigem Dekor in Form von Ranken. Die erste und die letzte Gruppe sieht man beispielsweise an den Kapitellen des Portals vom Kreuzgang in das südliche Seitenschiff und an den diesem Portal benachbarten Kapitellen des Kreuzgangs, die mittlere an den Vierungspfeilern. Die jüngsten spätromanischen Kapitelle des Naumburger Doms sind die mit weichen Ranken-Bildungen. Bezeichnenderweise kommen sie unter anderem an den zuletzt aufgerichteten westlichen Mittelschiffs-Pfeilern vor. Aber man sollte diese stilgeschichtliche Entwicklung nicht zu sehr verallgemeinern und immer berücksichtigen, daß die Verschiedenheit des Dekors innerhalb einer Stilphase in dem Einzelfall möglicherweise auch nur eine unterschiedliche Werkstatt-Ausbildung und -Tradition anzeigt. Vielleicht waren am spätromanischen Neubau des Doms gleichzeitig oder nacheinander verschiedene Bildhauertrupps tätig, die je nachdem, welchen Weg sie von Bauplatz zu Bauplatz genommen hatten, mehr oder weniger eigene Vorstellungen bei der Herstellung des Baudekors verwirklichen wollten und konnten.

Es fällt auf, daß für den spätromanischen Baudekor des Doms fast ausschließlich pflanzliche Ornamentik Verwendung fand, während figürliche Darstellungen nur mehr ganz selten vorkommen. Aber das scheint ein allgemeines Charakteristikum für die Spätphase des spätromanischen Stils zu sein. Noch die nur wenige Jahre früher, um 1230, geschaffenen

Kapitelle in der Doppelkapelle der Neuenburg oberhalb des benachbarten Freyburg an der Unstrut weisen pflanzlichen und figürlichen Dekor auf. Nur am linken Gewände des Hauptportals in den Naumburger Dom schmückt jedes Säulenkapitell ein Adler, „der von oben herabschießend mit Schnabel und Krallen den Schaftring faßt".[4]

Das Tympanon des Portals vom Ostchor in den Nordostturm zeigt das Lamm Gottes mit dem Kreuzstab in den Ranken eines Lebensbaumes. Diese sind fast symmetrisch angeordnet und füllen das ganze Bogenfeld aus. Sie entfalten sich, wie in gelenkter Bewegung hervorwachsend, bereits in fast frühgotischer Lebendigkeit. Das künstlerisch bedeutende Werk besteht übrigens, wie eine erst kürzlich durchgeführte Untersuchung zeigte, aus Stuck.

## VORHALLE UND HAUPTPORTAL

Die Vorhalle vor dem Haupteingang in den Dom besteht aus zwei Teilräumen, die aus verschiedenen Zeiten stammen. Der südliche ist spätgotisch, wahrscheinlich im späten 14. Jahrhundert entstanden, während der nördliche, zweijochige nicht viel später als das Hauptportal, also um 1220/30 errichtet wurde. Dem Betrachter fällt es kaum auf, aber auf dem Grundriß sieht man, daß dieser Raum über einem unregelmäßigem Grundriß erbaut wurde.

Ursprünglich reichten die Vorhalle und ihre Fortsetzung als Ostflügel der Klausur, wie auch der westlich davor angelegte Kreuzgangflügel weiter nach Süden, und zwar bis zu der dort damals noch vorhandenen Marien-Pfarrkirche der Domgemeinde. Vorhalle, Klausurflügel und Kreuzgang grenzten also im Norden an den Dom und im Süden an die Pfarrkirche. Da die beiden Kirchen aber nicht parallel nebeneinander lagen, sondern ihre Achsen divergierten, mußte der Gebäudekomplex zwischen ihnen vermittelnd angeglichen werden. Um einigermaßen rechtwinklige Anschlüsse an beide Kirchen zu erreichen, wurden deshalb die Ost- und die Westwand der Vorhalle leicht geknickt. – Daß die Vorhalle zudem der Nordwestecke der seit dem 11. Jahrhundert bestehenden Nikolaikapelle, der Privatkapelle des Bischofs, ausweichen mußte, erschwerte wahrscheinlich zusätzlich die reguläre Ausbildung ihres Grundrisses – und damit zugleich ihrer seltsamen Gewölberippen.

Vielleicht rühren daher deren Knickungen der Gewölberippen? Tatsächlich könnte ihre merkwürdige Führung eine Folge des Wunsches sein, die Asymmetrie des Gewölbes – und des Grundrisses – zu verschleiern. Würden die Rippen dort nämlich ungebrochen bis zum Scheitel des Gewölbes beziehungsweise der Schildbögen durchlaufen, dann könnte der Betrachter mit einem Blick erfassen, wie unregelmäßig der Grundriß des Raumes ist.

Man kann diese sich in Brechungen aufstaffelnden Gewölberippen aber auch als beabsichtigte Architekturdekoration ansehen. Und dafür spricht ganz entschieden die Feststellung, daß sich Ähnliches in den östlichen Jochen der Seitenschiffe findet, wo die

*Blick in die Vorhalle vom Süden*

Ausbildung der Joche weitgehend regulär ist. Schon Hermann Giesau machte ausdrücklich darauf aufmerksam, daß sich die „wunderlichen Knickungen und Brechungen auch an Stellen finden, wo sie nicht notwendig gewesen wären".[5]

Die Vorhalle umschließt das einzige monumentale Portal des Doms, das Hauptportal, das ursprünglich wahrscheinlich als Freiportal, also ohne Vorhalle vorgesehen war. Die tief gegliederten Gewändestufen bestehen aus fünf gleichmäßigen Rücksprüngen auf jeder Seite, in die je fünf Säulen eingestellt sind. Dieses System setzt sich in gedrückt spitzbogigen Archivolten nach oben hin fort – über den Säulen in Dreiviertelrundstäben, über den Pfosten in abgefasten Rechteckstäben. Die Adlerkapitelle des westlichen, linken Gewändes wurden bereits erwähnt. Das Hauptmotiv der Pfostenkapitelle sind eingerollte Ranken mit Palmettenendigungen. Am östlichen

Gewände zeigen alle Rankenkapitelle unter der Kämpferecke „ein kugeliges Gebilde, das auf dem Wege ist, die Gestalt eines unbestimmten Tierköpfchens anzunehmen, aus dessen Maul die Spiralranke entspringt".[6]

Das Tympanon des Hauptportals zeigt eine Himmelfahrt Christi: Zwei Engel tragen Christus in einer Mandorla gen Himmel. Das aus baugeschichtlichen Gründen frühestens um 1220 anzusetzende, verhältnismäßig flache Relief sieht stilistisch älter aus und knüpft wohl eher an ein Beispiel aus der Zeit um 1200 an. Der Christus des Hauptportals des Naumburger Doms segnet mit der Rechten und hält in der Linken Gesetz und Evangelium, die Tafeln des Alten und des Neuen Bundes.

Da im Westen noch die Burgstiftskirche der Ekkehardinger stand, konnte der Dom nicht mit einem Westportal versehen werden. Das Hauptportal führt

*Linkes und rechtes Gewände des Hauptportals*

*Das Tympanon des Hauptportals*

deswegen nicht, wie gewöhnlich, von Westen in das Langhaus, sondern in den Südarm des Querhauses. Infolge dieses seitlichen Eintritts in den Dom kann der Besucher nicht sogleich den gesamten Innenraum überblicken. Im Naumburger Dom ist diese Situation sogar besonders ungünstig; denn der Eintretende kann kaum mehr als den Raum des südlichen Querhausarms überschauen, weil sein Blick durch den hohen Aufbau der Chorschranken des Ostchors gehemmt wird.

Die die Vierung ausgrenzenden Chorschranken machten sich notwendig, wenn man den liturgischen Anforderungen gerecht werden wollte. Jeder bischöfliche Dom benötigte einen verhältnismäßig langen Chorraum, um dem hohen Klerus den Vorschriften gemäß Plätze einräumen zu können. Jeder Domherr hatte ein Anrecht auf seinen „stallus in choro", auf einen Platz an einer der beiden Seitenwände des Chors. Die beiden spätromanischen Chorwände östlich der Vierung, im sogenannten Sanktuarium, reichten dazu nicht aus. Man verlängerte deshalb den Chorraum auch im Naumburger Dom in die Vierung hinein, wo sich die hohe Geistlichkeit üblicherweise versammelte, um ihre liturgischen Pflichten zu erfüllen. Diese Maßnahme bedingte aber die Anhebung des gesamten Vierungsbereichs in die Höhe des Sanktuariums und damit zugleich die Verlängerung der aus dem ersten, dem frühromanischen Dombau übernommenen und schon nach Osten erweiterten Krypta nach Westen. So entstand die Vorkrypta als Unterbau für die Verlängerung des Chors in die Vierung hinein. Abgeschlossen wurde diese Anlage durch den monumentalen spätromanischen Lettner.

51

## DER OSTLETTNER

Zugleich mit den beiden hohen Schranken, die die Querhausarme gegen die Vierung abgrenzen, ist der Lettner geplant und errichtet worden. Er wurde um 1230/40 aufgeführt. Die Funktion der die Schranken zwischen Mittelschiff und Chor verbindenden Lettner hat die Forschung bis in jüngste Zeit beschäftigt. Ihre Hauptaufgabe war die Abtrennung des Chors, des Raumes für die hohe Geistlichkeit, vom Langhaus, dem Raum für die Laien – dieselbe Aufgabe also, die die Chorschranken zu erfüllen hatten. Auf den Lettnern befinden sich aber – und das unterscheidet sie von den Schranken – zusätzlich mehr oder weniger große Bühnen oder kanzelartig vorspringende Abschnitte, die der hohen Geistlichkeit ermöglichten, sich von dort aus an die Laiengemeinde im Schiff zu wenden. Die Lettnerbühnen nehmen in der Regel die ganze Breite des Lettners, also die Breite des Mittelschiffs ein. Die des Naumburger Doms hat in der Mitte zusätzlich eine ausgegrenzte, aber nicht nach außen vorspringende Rednertribüne. Von dort aus wurden Bekanntmachungen verlesen, unter anderem auch die Gerichtsurteile. Der Bischof war ja die oberste richterliche Instanz in seinem Sprengel. Die rechte und die linke Seite der breiten Lettnerbühne dienten zur Verlesung des Evangeliums und der Episteln. Die geistlichen Funktionen der Lettner entsprechen also weitgehend denen der sie später dann ersetzenden Kanzeln.

Der spätromanische Naumburger Lettner erhebt sich über drei Jochen mit Kreuzgratgewölben. In den seitlichen Jochen führen halbkreisförmige Treppen zu kleinen Pforten, durch die man nach einem weiteren Anstieg in den Chor gelangt. – Um Mißverständnissen vorzubeugen: Auch die beiden kleinen Portale am Ende der modernen Treppen, die von den Querhausarmen zum Chor hinaufführen, hatten hochmittelalterliche Vorgänger; die beiden Portale waren dort von Anfang an vorgesehen; man hielt sie also für unverzichtbar.

Die Laien sollten nicht sehen, was der hohe Klerus im Chor veranstaltete. Wohl deshalb sind die beiden Pforten, die man vom Schiff aus sieht, vergleichsweise klein, und sie waren wohl auch immer verschlossen.

Man benutzte sie vermutlich nur bei feierlichen Prozessionen vom Chor in das Schiff und zurück. Die langen seitlichen Aufgänge in den Querhausarmen vermittelten dagegen täglich den Zugang zum Chor, und sie mußten schon deshalb bequem zu begehen sein und angemessen große Eingänge erhalten.

Der Naumburger Lettner, einer der besterhaltenen Lettner des hohen Mittelalters, hat dennoch viel von seinem ursprünglichen Aussehen eingebüßt. Die Fresken mit den Darstellungen von Christus, den zwölf Aposteln sowie heiligen Männern und Frauen in den an der Bühnenbrüstung umlaufenden Arkaden sind sämtlich erneuert. Den Angaben der Restauratoren der siebziger Jahre des vergangenen Jahrhunderts zufolge waren zwar noch geringe Reste der ursprünglichen Malereien erhalten, sie wurden aber übermalt. Was man jetzt sieht, sind kopierende Erfindungen aus dem Jahre 1878, hergestellt von dem Maler Wittkop in Lippstadt in Westfalen nach Zeichnungen des um die Restaurierung des Naumburger Doms so verdienten Baurats Gottfried Werner. Lediglich das obere Drittel des Bildes Christi ist alter Bestand. Es wurde bei den Restaurierungsarbeiten der siebziger Jahre des 19. Jahrhunderts im Schutt des Fußbodens gefunden.

Die Lettnerbrüstung war im Verlaufe der barocken Umgestaltung des Doms in den dreißiger Jahren des 18. Jahrhunderts sehr in Mitleidenschaft gezogen worden, als man auf dem Lettner beheizte „Herrenstübchen", verglaste Priechen für die Domherren, anlegte und darüber die Orgel des Doms anbrachte. Für diesen Aufbau, der die Vierung und den Chor vom Langhaus aus unsichtbar machte, so daß sich zwangsläufig der im Barock erwünschte geschlossene Gemeinderaum ergab, opferte man das obere Drittel der gesamten Frontseite der Lettnerbühne und die beiden nördlichen Arkaden mit den Darstellungen der Apostel Jakobus und Philippus.

## DIE BAUTRADITION

Bevor die früh- und hochgotischen Bauteile des Naumburger Doms in die Betrachtung einbezogen werden, ist zusammenzufassen, an welche Bautra-

*Blick in die Halle des Ostlettners von Süden*
*(Seite 53) Der Ostlettner von Westen*
*(Seite 55) Der Ostlettner von Südwesten*

ditionen die spätromanische Naumburger Dombauhütte der ersten Hälfte des 13. Jahrhunderts anknüpfte. Die kunstgeschichtliche Forschung hat sich mit dieser Frage mehrfach befaßt – auch in der jüngsten Vergangenheit wieder. Während der erste Plan – Flachdeckbasilika, Quadratpfeiler im Schiff mit Lisenen darüber, Lisenengliederung auch am Außenbau – noch hirsauisch-sächsischen Baugewohnheiten folgte, dominierte im zweiten, durchgängig verwirklichten – in der gewölbten Bündelpfeiler-Basilika – rheinischer Einfluß. Eine engere stilistische Verwandtschaft konstatierte die Forschung wiederholt mit der Kirche des heiligen Andreas in Köln. – Die sächsisch-thüringische romanische Baukunst wurde in der ersten Hälfte des 13. Jahrhunderts bekanntlich von den stilgeschichtlich weiter fortgeschrittenen westdeutschen Landschaften, wo sich die Nähe Frankreichs befruchtend auswirkte, generell zu neuen Gestaltungen, und zwar sowohl der Architektur als auch der Bauornamentik angeregt.

Ein Naumburg nahe gelegenes Parallelbeispiel ist der etwa gleichzeitige, 1209 begonnene Neubau des

*Christus im Tympanon der Pforte zum Laufgang im Ostchor, um 1330*
*(Seite 57) Der Ostchor nach Osten*

Doms in Magdeburg. Aber dort begann sich die von Nordfrankreich übernommene Gotik früher durchzusetzen als in Naumburg. Die Bauhütten in Magdeburg und Naumburg hatten gewiß Kontakt miteinander. Eine unmittelbare Abhängigkeit, wie man sie bei dem Vergleich der Kapitellornamentik vor allem des südlichen Hauptportals des Magdeburger Doms mit Kapitellen des Naumburger Doms feststellen zu können glaubte, wird aber nicht bestanden haben.

DER OSTCHOR

In den zwanziger Jahren des 14. Jahrhunderts wurde der Ostchor des Doms verlängert und modernisiert. Die spätromanische Halbrund-Apsis, die etwa einhundert Jahre zuvor erst errichtet worden war, ersetzt seitdem ein hochgotischer Chorschluß. An das spätromanische Chorquadrat wurde ein verhältnismäßig schmales, querrechteckiges Joch mit Kreuzrippengewölbe angesetzt, das in ein feierliches Polygon aus sechs Seiten des Zehnecks, überwölbt mit einem sternförmigen Rippengewölbe, mündet.

Außen ist die Grenze zwischen dem spätromanischen Chorquadrat und der hochgotischen Chorverlängerung deutlich ablesbar: Die spätromanischen Teile des Chors umläuft unter dem Dachansatz ein Rundbogenfries, der dann unvermittelt endet, weil er an dem hochgotischen Neubau nicht weitergeführt wurde. Die unterschiedlichen Formen und Größen der Fenster sind ebenso evident: die schlichten spätromanischen Rundbogenfenster sind viel kleiner als die langen und schon breiten hochgotischen Maßwerkfenster. Die Maßwerke der drei- und zweigeteilten Fenster zeigen entwickelte Formen der hierzulande seit dem frühen 14. Jahrhundert vorkommenden sphärisch gerahmten Drei- und Vierpässe. Strebepfeiler gibt es am spätromanischen Chorquadrat natürlich noch nicht, sie gliedern aber die hochgotische Verlängerung. Schlanker als am Westchor aufsteigend, besitzen die Strebepfeiler des Ostchors auch schon weniger voluminöse Fialen. Auf den Pultdächern liegen Wasserspeiertiere, und auf den Strebepfeilern im Scheitel des Polygons sowie südlich daneben stehen

vor schmalen Wänden mit Giebeln – an Stelle der Fialen – große Standbilder der beiden Patrone des Doms, der Heiligen Peter und Paul. Nur die Statue des Petrus stammt aus der Bauzeit der Chorverlängerung, die des Paulus wurde, wie übrigens auch die gesamte Attika auf der Mauerkrone, ergänzt. Stark verwittert sind beide.

Deutlicher als am Äußeren erkennt man im Inneren den Westchor des Naumburger Doms als das Vorbild für die hochgotische Ostchor-Verlängerung. Zwar ist der Grundriß entscheidend verändert worden, weil nun aus einem fünfseitigen ein sechsseitiges Polygon entwickelt wurde, aber charakteristische Eigentümlichkeiten behielt man bei. Beide Chöre haben gut begehbare Innen-Laufgänge, in deren Höhe im Westchor die Stifterstandbilder stehen und im Ostchor ebenfalls Statuen vorgesehen waren. Drei Baldachine und die zugehörigen – freilich sehr schmalen – konsolenartigen Standflächen beweisen es.

Hinter dem Hochaltar, der aus der spätromanischen Chorapsis in das hochgotische Sanktuarium versetzt wurde, erhebt sich die 1567 errichtete sogenannte Hochaltar-Rückwand.

## DIE HOCHALTAR-RÜCKWAND

Der Stifter dieser vor den Chorschluß gestellten hohen Schranke war der letzte katholische Dechant des Naumburger Domkapitels, Dr. Peter von Naumarck, der 1576 verstarb. An ihn erinnern auch ein großes Gemälde und ein beachtliches Epitaph.

Das Bauwerk vereinigt Formen der Frührenaissance mit Elementen der Spätgotik und ist offensichtlich wiederholt verändert worden. Seit 1840 wurde mehrfach erwogen, die ganze Wand zu beseitigen, damit der Blick in das Chorpolygon wieder frei wird. Daß die Schranke erhalten blieb, ist nicht nur deshalb zu

*Das Sakramentshäuschen im Ostchor*

*Kapitell im Ostchor*

*Die schachspielenden Tiere, hochgotisches Kapitell im Ostchor*

begrüßen, weil sie als ein Denkmal einer in der Reformation umstrittenen liturgiegeschichtlichen Funktion anzusehen ist, sondern auch wegen der künstlerischen Qualität ihres bildlichen Schmucks. Am Gewände der beiden Portale und an den Sockeln der davor gestellten kannelierten Säulen mit korinthischen Kapitellen befinden sich nämlich kleine Reliefs der Sieben Freien Künste und der Melancholie, die sich als Werke dieser Zeit sehen lassen können. In den länglichen Reliefs über dem Mittelteil der Schranke sind die vier Evangelisten in den für die Frührenaissance charakteristischen Muschelnischen dargestellt. Zwischen je zweien von ihnen haben Reliefplatten des Abendmahls und der Auferstehung Platz gefunden. In der Mitte befindet sich ein kleines Hausaltärchen aus Holz, wohl in der Mitte des

17. Jahrhunderts entstanden; es umschließt eine Elfenbeinplatte mit dem flachen Relief eines Kalvarienberges, vermutlich ein süddeutscher Import aus dem letzten Viertel des 16. Jahrhunderts. Auf dem Kielbogen darüber stehen die kleinen Standbilder zweier musizierender Engel, flankiert von den beiden Dompatronen Petrus und Paulus. Auf dem breiten und hohen, das Bauwerk „bekrönenden" Kielbogen weist ein kräftiger Engel das Naumarcksche Wappen vor: Der Persönlichkeitskult der Renaissance hatte sich längst durchgesetzt. Daran wird vielleicht auch denken, wer die aufwendige große lateinische Majuskel-Inschrift auf der Rückseite der Schranke liest, wörtlich übersetzt „Dieses Bauwerk wurde errichtet aus Mitteln des Herrn Peter von Naumarck, Doktors und Dechanten, im Jahre 1567".

*Die Hochaltarrückwand im Polygon des Ostchors*

*Detail der Hochaltarrückwand, Relief der Grammatica*

*Linke Tür der Hochaltarrückwand*

## Die Glasmalereien in den Fenstern des Ostchors

Ursprünglich waren wahrscheinlich alle acht Fenster der hochgotischen Erweiterung des Ostchors farbig verglast. Jetzt weisen nur noch vier Fenster eine weitgehend mittelalterliche Farbverglasung auf. In den beiden dreiläufigen Scheitelfenstern haben sich Reste der Verglasung aus der Bauzeit erhalten. Das nördliche zeigt eine prachtvolle, hochgotische Baldachinarchitektur, unter der Maria mit dem Kinde sowie die Patrone des Doms, die Heiligen Petrus und Paulus, stehen. Das südliche Scheitelfenster erinnert an das Gleichnis der klugen und törichten Jungfrauen.

*Ausschnitt aus dem Südfenster des Ostchorpolygons*

Die klugen nehmen die linke Reihe ein und werden, wie üblich von der Ekklesia angeführt, die törichten, gegenüber in der rechten Reihe, folgen der Synagoge, deren Scheibe aber ergänzt werden mußte. Die Bahn zwischen den Jungfrauen beginnt mit Christus als Weltenrichter. Die Darstellungen darunter – Misericordia und Justitia sowie König David und der Prophet Jesaja – gehören wie die klugen und törichten Jungfrauen zu dem Thema des Weltgerichts. „Beide Fenster schließen stilistisch direkt an das Augustinusfenster der Erfurter Augustinerkirche an. Die gesteigerte Mimik und Gestik der Figuren lassen sie als Illustration mittelalterlicher Mysterienspiele erscheinen, in denen gerade dieses Gleichnis mit dem Thema von Erwählung und Verdammnis dramatische Höhepunkte schuf."[7]

Die nördlich und südlich neben den Scheitelfenstern angeordneten Glasfenster sind Geschenke König Friedrich Wilhelm IV. und wurden im Oktober 1856 aus Berlin nach Naumburg geliefert. Im nördlichen werden Begebenheiten aus dem Leben des heiligen Paulus, im südlichen aus dem Leben des heiligen Petrus erzählt. Beide Glasfenster wurden nach den Angaben des ersten preußischen Staatskonservators Ferdinand von Quast in dem Königlichen Institut für Glasmalerei in Berlin unter der Leitung des Hauptmanns a. D. von Uslar-Gleichen hergestellt und nach Entwürfen von J. Glinski von F. Ulrich auf Glas gemalt.

Die beiden in der Nord- und Südwand des Polygons eingesetzten mittelalterlichen Glasfenster sind zweiläufig und wurden um 1420/30 geschaffen. Im nördlichen befindet sich ein christologischer Zyklus mit Geburt, Passion und Himmelfahrt Christi; in den Dreipässen des Maßwerks thronen die beiden Patrone des Doms. Im südlichen stehen unter einer Marienkrönung Propheten Aposteln mit Spruchbändern des Credo gegenüber, und darunter sind weibliche Heilige angeordnet. – „Der Stil der Scheiben aus dem 15. Jahrhundert weist nach Erfurt zur großfigurigen Gruppe im Domchor. Besonders ist an eine Schulung am Werk des Erfurter Tiefengrubenmeisters zu denken. Doch wird hier bereits eine Weiterbildung spürbar. Die Scheiben mögen in den späten 20er Jahren entstanden sein."[8]

*Die beiden Scheitelfenster des Ostchors*

*Das Nordfenster des Ostchorpolygons*

*Das Südfenster des Ostchorpolygons*

Das monumentale, insgesamt mittelalterliche Chorgestühl an den Innenseiten der Chorschranken in der Vierung ist zwar für diesen Platz geschaffen worden und – von einigen Ergänzungen abgesehen – im wesentlichen vollständig erhalten, setzt sich aber aus spätromanisch-frühgotischen sowie hoch- und spätgotischen Teilen zusammen. Jeder Gestühlsblock besteht aus zwei Reihen von Sitzen. Vor dem hohen Dorsale befinden sich die je elf Sitze für die Dom-

*Das Chorgestühl des Ostchors, Südseite*

herren, „die stallus in choro". Für die Vikare sind in den vorderen Reihen zweimal fünf Sitze angeordnet. Zwischen diesen blieb jeweils ein Durchgang zu den Domherrensitzen frei.

Die Sitze dürften schon kurz vor oder um die Mitte des 13. Jahrhunderts, nach der Vollendung des spätromanischen Chores, hergestellt worden sein. Die Wangen stammen vermutlich alle aus der Zeit der hochgotischen Verlängerung des Ostchors, aus dem zweiten Viertel des 14. Jahrhunderts, und die während ihres Aufbaus selbst veränderten und wahrscheinlich nachträglich erhöhten Baldachinreihen des Dorsale mit ihren steilen Fialen zeigen den spätgotischen Zierrat der Zeit um 1500, hergestellt zur Zeit des Bischofs Johann von Schönberg (1492–1517). Der figürliche Schmuck beschränkt sich hier auf je zwei an den Kreuzblumen in den Giebelfeldern der Fialen aufsteigende Löwen. Den Gesamteindruck feierlicher Hoheit steigert der detailreiche, feine Dekor der Wangen. – Die über die Schrankenmauern ragenden Rückseiten des Gestühls sind nur verhältnismäßig roh bearbeitet. Sie waren ursprünglich mit Tüchern behangen, konnten also nicht gesehen werden.

### DER SPÄTGOTISCHE DREISITZ DES OSTCHORS

Der kunstvolle Dreisitz an der Rückwand des Ostlettners war für den Bischof sowie für den Propst und den Dechanten des Domkapitels bestimmt. Die drei Felder des Dorsale sind mit qualitätvollen Flachreliefs verziert: in der Mitte Christus mit der rechten Hand segnend, in der linken die Weltkugel, rechts und links daneben die heiligen Patrone des Doms Petrus mit dem Schlüssel und Paulus mit dem Schwert. In den durchbrochenen Wangen steht auf jeder Seite ein Edelknabe in einer baumartigen Ranke – naive Darstellungen mit dem Charme der

*Der Dreisitz an der Ostwand des Ostlettners*

67

Annäherung an die Wirklichkeit. Der figürliche Dekor läßt böhmischen Einfluß erkennen und dürfte in den neunziger Jahren des 14. Jahrhunderts geschaffen worden sein. Die Sitze wiederholen den klassischen Aufbau des im Naumburger Dom schon in der zweiten Hälfte des 13. Jahrhunderts nachweisbaren Typus – im Detail spätgotisch verändert.

## DER FRÜHGOTISCHE VIERSITZ AN DER SÜDWAND DES OSTCHORS

Alle original erhaltenen Details dieses Gestühls legen eine Datierung in das dritte Viertel des 13. Jahrhunderts nahe. Der Viersitz gehört also zu den ältesten deutschen Kirchengestühlen. Die offenen Wangen sind mit identifizierbarem wirklichkeitsnahem Pflanzenwerk geschmückt, dessen dynamischer Schwung in der deutschen Frühgotik singulär sein dürfte.

Die Sitzbretter mit den Miserikordien und die Säulen der Arkaden der Rückwand wurden offenbar im späten 19. Jahrhundert erneuert, die Arkadenbögen vielleicht schon im 16./17. Alle anderen Teile des Viersitzes sind original erhalten.

Die ursprüngliche Bestimmung konnte bisher nicht nachgewiesen werden. Der Viersitz muß im dritten Viertel des 13. Jahrhunderts geschaffen worden sein – also während oder kurz nach der Errichtung des Westchors. Vielleicht wurde er für den Westchor angeschafft? Die Aufstellung vor einer Wand von dessen Polygon – vielleicht im Scheitel des Chors? – wäre den Maßen nach sehr gut möglich.

Beiläufig: Der Altar des Westchors mußte, wie jeder andere Altar auch, nach Osten, also von Westen her bedient werden. Der *Vier*sitz stünde dafür im Scheitel des Chorpolygons an passender Stelle, und im 15. Jahrhundert taten *vier* „viri clementissimi" im Westchor Dienst, deren Hauptaufgabe die Fürbitte für die Stifter gewesen sein dürfte.

*Details des Chorgestühls im Ostchor*

*Der frühgotische Viersitz im Ostchor*

*Der spätgotische Viersitz an der Nordwand des Ostchors*

## Der spätgotische Viersitz an der Nordwand des Ostchors

Die Wangen dieses Viersitzes sind mit Flachreliefs verziert: Johannes der Evangelist den Kelch segnend an der einen sowie die Heiligen Stephanus und Laurentius an der anderen Wange, alle auf Konsolen über Ast- und Distelwerk stehend. In den Aufsätzen über den Figuren finden sich rechts zwei die Köpfe aneinander schmiegende Fabeltiere und links ein lehrender Mönch, der einen Schüler abfragt. Der pflanzliche Dekor besteht überall aus Astwerk und Disteln. Die Rückwand bekrönt ein Zinnenfries. Die Ent-

*Spätgotisches Buchpult im Ostchor*

stehungszeit ist demnach zwischen 1510 bis 1520 einzugrenzen. Archivalische Quellen konnten bisher nicht nachgewiesen werden.

## Die drei Buchpulte im Ostchor

Die beiden vorderen Buchpulte – aus Eiche – haben große, Satteldächern ähnlich sehende Aufsätze, auf denen die großen Meßbücher aus dem Jahre 1580 aufgeschlagen wurden. Die Aufsätze sind drehbar, glatt bearbeitet und haben keinerlei Dekor, während die pfeilerartigen Unterbauten eine beträchtlich gröbere Oberflächenstruktur und dünne Rundleisten an den Ecken aufweisen. Der Gedanke an eine verschiedenzeitliche Entstehung beider Teile liegt deshalb nahe, kann aber vorläufig nicht bewiesen werden. Eine genauere Untersuchung ergab, daß von Anfang an drehbare Aufsätze vorgesehen waren; denn das Auflager des sie tragenden Zapfens kann nicht nachträglich in den Unterbau eingefügt worden sein.

Eine stilistische Datierung ist nicht möglich. Die Rechnung der Stiftsfabrik von 1580/81 weist die Kosten für zwei Pulte aus, und damit können eigentlich nur diese beiden gemeint sein. – Die beiden Türchen in den Unterbauten bestehen nicht aus Eiche, sondern aus Nadelholz. Sie wurden später eingefügt, hatten aber Vorgänger. Die Reste der ursprünglich viel längeren Scharnierbänder bezeugen es.

Das offenbar schon immer vor dem Dreisitz für Bischof, Propst und Dechant aufgestellte schlankere und sehr hohe Pult, ebenfalls aus Eiche und nachträglich mit einer verschließbaren Klappe aus Nadelholz versehen, ist ebenso wenig stilistisch datierbar wie die beiden anderen, dürfte aber spätgotisch sein; denn an ihm hing schon der Bischofsteppich, dessen Wappen an die Naumburger Bischöfe Johann II. (1422–34) oder Peter (1434–63) von Schleinitz erinnern. Das Pult ist also wahrscheinlich im zweiten Drittel des 15. Jahrhunderts angeschafft worden. Die Auflagefläche für die Bücher ist nur wenige Zentimeter schmaler als der Teppich breit ist. Daß oben ein verbreiterndes Brett angenagelt war, legen Nagelreste und -spuren nahe.

Mit dem Westchor des Naumburger Doms beginnt in Mitteldeutschland die Stilstufe der Frühgotik. Die spätromanische Architektur und die spätromanische Bauornamentik wurden in Naumburg um 1250 unvermittelt, also ohne daß Übergangs- oder Mischformen im oder am Dom nachweisbar wären, durch die mitteldeutsch-frühgotische Formenwelt abgelöst. Die in der ersten Hälfte des 13. Jahrhunderts geschaffenen Teile des Doms sind ganz einheitlich spätromanisch, und der um 1250/60 an die Westteile des Doms angefügte Westchor ist ebenso einheitlich frühgotisch. Dieser am Naumburger Dom besonders signifikante Stilwechsel ist gewiß auf die Beschäftigung einer neuen Bauhütte zurückzuführen. Der neue Werkmeister und gewiß auch einige seiner Steinmetzen und Bauleute müssen die französische Hochgotik gekannt, an Ort und Stelle kennengelernt haben. Sie waren nicht nur mit dem französischen Motiv-Schatz der Gotik vertraut, sondern sie kannten auch die moderne französische Bautechnik und Bauorganisation. Wohl zum ersten Male in Deutschland wurden nun in Naumburg ganze Serien von Werksteinen und Profilstücken auf Vorrat zugehauen, so daß man die Steinmetzen das ganze Jahr über, also auch im Winter arbeiten lassen konnte.

Daß der Westchor nicht mehr zu der spätromanischen Bauplanung gehört, macht schon ein Blick auf den Grundriß deutlich. Die seitlichen Chorwände fluchten nicht mit den Arkadenpfeilern des Langhauses, wie man erwarten müßte, sondern der Chor ist fast um die doppelte Wandstärke breiter als das Mittelschiff. Auffällig ist auch, wie bereits in ande-

rem Zusammenhang erwähnt, daß die spätromanischen Unterbauten der Westtürme vergleichsweise sehr weit nach außen gerückt sind; denn üblicherweise fluchten die Chorwände und die inneren Wände der Türme. Hier aber sind zwischen Chor und Turm auf jeder Seite schmale Räume angelegt.

Diese ungewöhnliche Disposition läßt sich baugeschichtlich begründen. Ohne die komplizierten Vorgänge im einzelnen nachzuzeichnen, muß hier noch einmal darauf hingewiesen werden, daß der Westchor den Platz einer älteren Kirche einnimmt, die schon vor der Errichtung des Bistums Naumburg vorhanden war – eine um das Jahr 1021 in der Merseburger Bischofschronik erwähnte „praepositura noviter fundata", eine Stiftung der Ekkehardinger, der Brüder Markgraf Hermann und Markgraf Ekkehard II., die diese Kirche für ihre Grablege ausersehen hatten. Als rund 200 Jahre später der spätromanische Dom erbaut wurde, wollte man die altehrwürdige Anlage bestehen lassen, obwohl ein solches Verfahren besondere Schwierigkeiten mit sich bringen mußte, weil der neue Dom breiter und länger werden sollte als sein Vorgänger. Zwar hatte man den ersten Plan, zunächst lediglich ein neues Langhaus zu errichten und Chor und Querhaus des frühromanischen Doms unverändert beizubehalten, nur teilweise realisiert und letztlich nur die Krypta des frühromanischen Doms in den Neubau übernommen, aber mit der Ostgrenze des Langhauses und der Westgrenze des Querhauses war auch die künftige Ostgrenze der neuen Anlage festgelegt, und eine Verlängerung des Neubaus konnte

*Blick in das Polygon des Westchors*
*(links) Baldachin über dem Standbild des Stifters Thimo von Kistritz*

nur noch in westlicher Richtung erfolgen. Dort stand jedoch, bei dem sogenannten Westlettner beginnend, die mehrfach erwähnte alte Stiftskirche der Ekkehardinger. Da man diese nicht antasten, geschweige denn beseitigen wollte, blieb nur ein Ausweg: Man bezog sie in den spätromanischen Dom ein, indem man dessen Westtürme neben ihren Ostteilen anordnete und das Langhaus des Doms unmittelbar vor diesen enden ließ. Bei diesem Verfahren sparte man sogar jeweils eine Turmwand ein: Die dem Chor zugekehrten Wände der spätromanisch/gotischen Westtürme stammen nachweislich bis in über vierzehn Meter Höhe von der Stiftskirche der Ekkehardinger; sie waren die Außenwände von deren Osttürmen, bis sie in den spätromanischen Neubau integriert wurden. – Die Stiftskirche konnte auf diese Weise tatsächlich vollständig erhalten bleiben. Sie stand auf dem Gelände, das seit 1250/60 der frühgotische Westchor beanspruchte.

Bei den archäologischen Ausgrabungen der sechziger Jahre wurden unter dem Fußboden des Westchors große Flächen des frühromanischen Estrichs der Stiftskirche freigelegt, der bis zum Altar des Westchors durchgängig erhalten war. Die Fluchten der Außenwände der frühromanischen Stiftskirche deckten sich weitgehend mit denen ihres Nachfolgebaus, des frühgotischen Westchors. Der Westabschluß dieser ersten Naumburger Kirche, der Burgstiftskirche der Ekkehardinger, ist bisher nicht gefunden worden. Vermutlich wurde er beseitigt, als man die Fundamentgruben für das Polygon des Westchors aushob.

Als man sich dazu entschlossen hatte, die Stiftskirche abzubrechen und an ihrer Stelle den Westchor zu errichten, standen die mächtigen, quadratischen, spätromanischen Unterbauten der Dom-Westtürme bereits, und sie waren, bedingt durch die Breite der Ostteile der Stiftskirche, weit nach außen gerückt. Einen Westchor zu bauen, der den Raum zwischen diesen beiden Türmen einnimmt, also den Platz, wo die von den Türmen flankierten Ostteile der Stiftskirche gestanden hatten, war kaum möglich. Der Westchor hätte dann sehr große, im Verhältnis zum Dom unproportionierte Ausmaße bekommen. Man wählte statt dessen den nach Lage der Dinge ver-

nünftigsten Ausweg und legte die erwähnten zwei schmalen Räume zwischen dem geplanten Chor und den spätromanischen Domtürmen an. Diese Zwischen-Räume konnten zudem für die Zugänge zu den Türmen genutzt werden, die bisher nicht erforderlich gewesen waren. In das zweite spätromanische Turmgeschoß führten ursprünglich nämlich Holztreppen an den Westwänden der spätromanischen Seitenschiffe, deren große Pforten erhalten und als Blendnischen sichtbar sind. In die darüber gelegenen Stockwerke der spätromanischen Westtürme gelangte man damals noch von den Türmen der Stiftskirche aus. Auch davon hat sich eine Pforte erhalten. Sie ist vom Chor aus hoch oben in der Südwand des Nordwestturms zu sehen.

Der Grundriß des Westchors ist ganz regelmäßig – auf den Zentimeter genau. Der ursprünglich fensterlose, nahezu quadratische Raum westlich des Westlettners, der mit einem sechsteiligen Rippengewölbe überdeckt ist und dessen Wände das Chorgestühl aufzunehmen hatten, geht in ein weites fünfseitiges Polygon mit hohen, frühgotischen Fenstern über, deren Glasmalereien das Zentrum des Raumes, den Altar, in festliches Licht tauchen. Der Altar hat seit den sechziger Jahren wieder seine ursprüngliche Größe, aber nur die Mensaplatte und das Fundament stammen aus dem 13. Jahrhundert, der Stipes ist neu. Das Gewölbe über dem Altar ist sternförmig: Von den sechs Ecken des Polygons steigen sechs Rippen zum Scheitel des Gewölbes auf und laufen über der Altarmitte unter einem reich dekorierten Schlußstein zusammen. Außen sichern kräftige Strebepfeiler das Stützensystem des Inneren ab. Sie enden in auffallend schweren und gedrungenen Fialen, unter denen sich je drei figürliche Wasserspeier, Mönche und Nonnen sowie Löwen, Hirsche, Tiger und Kühe, alle Werke des sogenannten Naumburger Meisters, herauslehnen.

Drei der fünf Fenster des Westchors weisen zum größten Teil noch die originalen Glasmalereien auf – einer der ältesten weitgehend erhaltenen deutschen Glasfenster-Zyklen. Das Fenster im Scheitel des Chors und das links, also südlich daneben wurden in den siebziger Jahren des vergangenen Jahrhunderts erneuert. Auch alle Bischofsmedaillons in der unteren Zeile der Fenster kamen damals hinzu. Deren nachweislich ehedem vorhandenen Originale, die ähnlich angelegt waren wie die neuen, zeigten eine andere Reihenfolge und Auswahl der Bischöfe.

Die Vertikalen der Dienstbündel und Fenster verklammert ein Laufgang, dessen kostbare Architektur aus Säulenarkaden mit voll ausgebildeten Wimpergen die Horizontale nicht nur im Polygon, sondern auch im quadratischen Chorteil nachhaltig betont. Hochgotische Architektur – wie zu dieser Zeit in Nord- und Mittelfrankreich weit verbreitet – darf und wird man zu dieser Zeit in Sachsen und Thüringen nicht erwarten. Vielmehr hat man es hier mit einer mitteldeutschen Frühgotik zu tun, deren Baumeister sich nicht gescheut hat, einen vergleichsweise hohen glatten Mauersockel – ohne Schmuck und zusätzliche Gliederung – unter die Fenster zu setzen, den gotischen Drang in die Höhe also auf romanisch festem und deutlich gezeigtem Grund zu entwickeln. Auch die bemerkenswert breiten Wandflächen neben und über den Fenstern erinnern noch daran, daß man hierzulande damals noch spätromanisch empfand und dachte. Die am Westchor des Naumburger Doms tätige Bauhütte kannte offensichtlich bereits die Architekturmotive der französischen Hochgotik, aber man benutzte diese Einzelformen in einem Gehäuse, dessen Wände wohl absichtlich noch nicht negiert, sondern gezeigt werden. Auch die Maßwerke der Fenster – aus großen, flachen Steinplatten geschnitten und nicht, wie man zu erwarten hätte, aus Wulstprofilen zusammengesetzt, waren in Frankreich um 1250/60 schon nicht mehr zeitgemäß.

Bauherren, Künstler und Handwerker wählen in der Regel nur Vorbilder, die sie nachahmen, nachgestalten, nachbilden wollen, weil sie sie künstlerisch und auch kunsttechnisch überzeugen, weil sie ihrer Vorstellungswelt nahestehen und weil sie sie bewußt oder unbewußt als Kunstwerk empfinden, das auch für die eigene Zeit einen verbindlichen Maßstab setzt. Die Kunst des Vorbilds muß aber erst verstanden worden sein, bevor man auf sie zurückgreifen kann. Der Prozeß des Kennenlernens und Verstehens des neuen Stils, der Gotik, mußte ihrer Anwendung vorausgehen. Im Naumburger Westchor glaubt man das

beobachten zu können. Die mitteldeutsche künstlerische Vorstellungswelt entsprach um die Mitte des 13. Jahrhunderts noch nicht der in Frankreich führenden. Sie war noch in der Spätromanik der sächsisch-thüringischen Landschaft verwurzelt, vielleicht ein wenig rück-, aber ganz gewiß eigenständig – trotz der Hinwendung zu der in Frankreich schon herrschenden Gotik und deren Formenkanon. Man konnte um 1250 in Naumburg nachweislich bereits souverän mit dem Motivschatz der französischen Hochgotik umgehen – wie sonst wären die freien Architektur-Schöpfungen und -Kombinationen der Baldachine über den Standbildern im Westchor zu erklären! Das eigene neue Bauwerk aber ist noch von anderem Geiste: Gotik auf romanischem Grunde.

DAS DORSALE

Das größtenteils erneuerte Chorgestühl des Westchors von 1516/17 wirkt deshalb niedrig, weil die hohe Rückwand hier nicht, wie üblich, aus Holz besteht, sondern aus Stein, eine Eigentümlichkeit, die der Naumburger Westchor mit dem Chor des Meißener Doms teilt. Säulenarkaden aus Stein mit weit vorkragenden Baldachinen bekrönen feierlich jeden einzelnen Domherren-Sitz. Diese Baldachine sind aber nicht mehr original. Bei einem Brande im Jahre 1532 hatte unter vielem anderen auch das Chorgestühl des Westchors Feuer gefangen, und die nach oben schlagenden Flammen beschädigten die steinernen Baldachine so sehr, daß sie herabstürzten oder abgenommen werden mußten. Eine photographische Aufnahme aus den siebziger Jahren des 19. Jahrhunderts zeigt diesen Zustand. Die Baldachine waren bis dahin nämlich nicht ersetzt worden. In den siebziger Jahren des vergangenen Jahrhunderts empfand man diesen Zustand als unerträglich und erneuerte die Baldachinreihe auf beiden Seiten. Aber für den damaligen Entwurf konnten nur einige wenige Reste der Baldachine des 13. Jahrhunderts herangezogen werden, die sich im Schutt unter dem Fußboden fanden, so daß diese Rekonstruktion – des königlichen Baurats Gottfried Werner und seines Bauleiters Karl Memminger – schon in den dreißiger Jahren unseres Jahrhunderts verurteilt wurde: „Werner sind bei der Wiederherstellung des alten Zustands einige Fehler unterlaufen. Besonders unangenehm ist das harte Auf und Ab, das die stark über den Laufgang aufstrebenden Türme in die Wandfläche bringen, und ihre Überschneidung mit dem Fuß der Figuren. (Absatz) Dieser Mängel der Erneuerung ist sich die Denkmalpflege seit langem bewußt. Sie verlangen umso mehr nach Abhilfe, als der Dom in den letzten Jahren durch Schrift, Lichtbild und Funk weitesten Kreisen bekannt geworden ist, so daß er jährlich von mehreren Tausend Menschen aufgesucht wird. Sehr viele und die besten von diesen Besuchern, die mit Recht in den Stifterfiguren des Westchores Denkmäler von höchster nationaler Bedeutung sehen, fühlen sich von der ungeschickten Erneuerung des Dorsale abgestoßen und haben den Wunsch nach Abänderung des bestehenden Zustandes geäußert."[9] Die „Abänderung" wurde 1936 durchgeführt und die Baldachinreihe, u. a. mit Blick auf das Meißener Dorsale, modifiziert und vor allem in den oberen Teilen verkürzt, so daß die unteren Partien der Stifterfiguren nunmehr zumeist sichtbar sind – gewiß ein großer Gewinn.

Die Rückwände der Dorsale-Arkaden bestehen aus Wechselburger Garbenschiefer, dessen blaugrauer Farbton die Festlichkeit des Anblicks erhöhen sollte. Hier kann man die originalen Platten, die alle rötliche Brandspuren und keine glatte Oberfläche mehr aufweisen, leicht von den im 19. Jahrhundert erneuerten unterscheiden. Auch die Kapitelle der Arkaden des Dorsale, von denen nur noch ein reichliches Drittel original sein soll, sind damals in beträchtlichem Umfang, und zwar in Gips, erneuert beziehungsweise ergänzt worden. Die Unterscheidung zwischen Original und Kopie fällt nicht leicht.

Ein Hinweis auf die Baugeschichte ist hier nachzutragen: Das Dorsale war ursprünglich nicht vorgesehen, wurde aber schon während der Errichtung des Chors hinzugefügt. Es verdeckt die erwähnten schmalen Räume zwischen dem Chor und den Westtürmen. Ursprünglich hatte man diese Räume in den Chorraum einbeziehen wollen, so daß man vom Chor aus die Wendeltreppen zu dem Laufgang des Chors und zu den Türmen bequem hätte erreichen

können. Als dieser Zugang durch das Dorsale verstellt wurde, mußten neue Möglichkeiten, die Wendeltreppen zu erreichen, geschaffen werden. Damals erst entstanden die kleinen Portale, die den Zugang von den Westwänden der Seitenschiffe her ermöglichen.

## DER EINGANG IN DEN WESTCHOR

Die hohe Barriere des sogenannten Westlettners trennt Westchor und Langhaus voneinander. Sie grenzt den Chor so nachhaltig vom Langhaus ab, daß er als selbständige Kirche oder Kapelle erscheint. Das einzige Portal, das den Zugang erlaubt und zugleich zum Eintritt auffordert, wird beherrscht von einer lebensgroßen Kreuzigungsgruppe, die eindringlich an Christi Opfer erinnert und dem Eintretenden die Gewißheit der Trostspende und Vergebung verheißt.

## DER VIERPASS IM GIEBEL
## DES WESTLETTNERS

Das Wandbild in dem großen Vierpaß darüber gehört dazu. Die Darstellung der sogenannten Majestas Domini zeigt den richtenden Christus auf dem Throne zwischen zwei Engelsbüsten mit den Marterwerkzeugen: Der rechte Engel weist das Kreuz mit der Dornenkrone und einen Kelch mit den drei Nägeln des Kreuzes vor, der linke die Lanze und den Stab mit dem Schwamm. Die Umschrift, ausgeführt in erhabenen Buchstaben einer schönen gotischen Unzialis, erinnert mahnend an das Jüngste Gericht und stellt den Eingang in den Westchor und den Westchor selbst unter dieses große Thema. Das ikonographische Programm „Kreuzigung und Christus als Richter" macht das Portal zu einem Weltgerichtsportal. Die Umschrift um den Vierpaß wendet sich an den Eintretenden mit den Worten (in wörtlicher Übersetzung aus dem Lateinischen): „Der Richter hier auf dem Throne scheidet die Lämmer von den Böcken (die Guten von den Bösen). Mag es hart sein oder gnädig, endgültig ist das hier gefällte Urteil." Der lateinische Text ist streng rhythmi-

siert und gereimt, zwei sogenannte leoninische Hexameter. Vergoldeter Stuck hebt den Thron, die Heiligenscheine, die Marterwerkzeuge und die Gewandborten hervor. – Die Kombination von Fresko-Malerei und Stuck war im zweiten Viertel des 13. Jahrhunderts im mittleren Deutschland offensichtlich ein weit verbreitetes Kunstmittel. Mehrere Beispiele im Harz und in dessen Umfeld sind erhalten geblieben.

Die künstlerische Qualität der Malerei läßt sich der mehrfachen Übermalungen wegen nur schwer beurteilen. Ihr byzantinisierender Stil überrascht im zweiten Viertel und in der Mitte des 13. Jahrhunderts in Sachsen und Thüringen keineswegs. Im Gegenteil, damit hat man zu rechnen. – Im Jahre 1747 wurde die Malerei mit Ölfarbe „aufgefrischt", und die jüngste Farbschicht dürfte auf die Restaurierung des Doms in den Jahren 1874-78 zurückgehen. Untersuchungen mit modernen Mitteln stehen noch aus.

## DER WESTCHOR UND DER NAUMBURGER MEISTER

Die Forschung scheint sich nunmehr darin einig zu sein, daß sowohl die Architektur des Westchors und des sogenannten Westlettners als auch die Skulpturen, und zwar die Monumentalskulpturen, also die Standbilder und die Reliefs, und die gesamte Bauornamentik, auf einen einzigen Meister, auf den sogenannten Naumburger Meister zurückzuführen sind. Man wird in ihm den Werkmeister, den magister operum, zu sehen haben, der gegenüber dem Bischof und dem Domkapitel, insbesondere aber gegenüber dem Leiter des Dombauamts, der fabrica ecclesiae, für die Bauplanung und -ausführung verantwortlich war. Der mittelalterliche Werkmeister war in der Regel gelernter Maurer, Steinmetz und Bildhauer. Der sogenannte Naumburger Meister soll, wie gesagt, nicht nur die Architektur des Westchors entworfen haben; er lieferte nach Meinung der Forschung auch die Modelle für die Skulpturen und legte bei der Herstellung in Stein auch selbst mit Hand an. Aber man weiß trotz zahlreicher und zunehmend erfolgreicher Bemühungen der Forschung noch immer viel zu wenig darüber, wie es in einem mittelalterlichen Baubetrieb zuging. Die ungewöhnliche stilistische Einheitlichkeit der frühgotischen Naumburger Monumentalskulptur und die Einzigartigkeit des persönlichen Stils ihres Schöpfers kann man sich tatsächlich kaum anders erklären, als daß der geniale Meister alles selbst entwarf und die Bildwerke, sofern er sie nicht selbst schuf, am Ende in der Regel mit eigener Hand überarbeitete. – Sein individueller Stil ist so ausgeprägt, daß man ihn auch andernorts sicher identifizieren konnte. Als er um 1250 nach Naumburg kam, war er schon ein weitgereister, sehr erfahrener Künstler.

Seine Lehrjahre hatte er in Nordfrankreich verbracht, im Geburtsland der Gotik, das seit Jahrzehnten die künstlerische Entwicklung der Architektur und Skulptur in Mitteleuropa bestimmte. Nach seinen frühen Jahren in Frankreich, sehr wahrscheinlich in Reims, Noyon, Amiens und gewiß auch in Metz und Straßburg, schuf er in Mainz einen Lettner – von dem freilich nur Fragmente erhalten blieben: vor allem künstlerisch großartige Reliefs und einen „Kopf mit der Binde", der den Forschern lange Zeit ein ikonographisches Rätsel blieb. Der Mainzer Westchor wurde 1239 feierlich geweiht, und von seinem Lettner haben sich nicht nur die genannten Skulpturen, sondern auch umfangreiche Architekturreste eines dem sogenannten Naumburger Westlettner offensichtlich sehr ähnlichen Bauwerks erhalten. Die nächste Station war vielleicht der Merseburger Dom. Dort waren, wie kurz zuvor im nahe gelegenen Naumburg, um 1240 die gesamten Ostteile der Kirche umgebaut beziehungsweise erneuert worden. Auch der Merseburger Dom erhielt einen Lettner. Da dieser aber schon im Jahre 1588 abgebrochen wurde, weiß man nicht, wie er ausgesehen hat. Vielleicht hatte auch ihn der Naumburger Meister entworfen? Selbst tätig geworden ist er in Merseburg um 1245. Der damals doch wohl von ihm entworfene und vielleicht auch ge- oder überarbeitete Bildgrabstein des Ritters von Hagen, jetzt in der Vorhalle des Merseburger Doms, ist nämlich vermutlich in diesem Jahre – spätestens um 1251 – hergestellt worden. – Gewiß darf man erwarten, daß der Meister und seine Werkstatt für den Merseburger Dom nicht nur einen Grabstein geschaffen haben!

*Der Vierpaß im Giebel des Westlettners*
*(Seite 77) Das Portal des Westlettners*

Nach dem Naumburger Westchor und dem sogenannten Westlettner schuf der Bildhauer sehr wahrscheinlich die sieben überlebensgroßen Statuen im
Chor und in der sogenannten Achteck-Kapelle, einer
Eingangshalle des Meißener Doms. Die unmittelbare
Verwandtschaft der Meißener mit den Naumburger
Standbildern ist immer wieder betont, aber auch ver-
neint worden. Vielleicht handelt es sich im Meißener Dom um ein Alterswerk des Bildhauers? Jedenfalls ist der stilgeschichtliche Fortschritt von der
mitteldeutschen Frühgotik zur Hochgotik bei diesen
Skulpturen evident, und warum sollte der Naumburger Meister diese Entwicklung zur Übergröße, zu
gesteigertem Pathos, zur Großräumigkeit der Gewandfalten und zu theatralischer Erstarrung der
Mimik, um hier nur einiges Charakteristische anzu-
deuten, nicht selbst noch mitgemacht haben?

Außer den Kapitellen, Friesen und Schlußsteinen des
Westchors müssen den Meister schon in seinen
ersten Naumburger Jahren die lebensgroßen Statu-
en der Hauptstifter des Doms, der primi fundatores,
beschäftigt haben. Abgesehen von zwei Standbildern,
von Gräfin Berchta und Graf Konrad, die frei vor
der Wand stehen, sind sie nämlich alle in die Dienste eingebunden, die die Gewölberippen, letztlich
also die Gewölbe selbst, tragen. Das Dienststück, vor
dem die Figur zu stehen scheint, ist jeweils aus demselben Block gehauen wie die Figur, und ein nach-
träglicher Versatz dieser Steinblöcke, also auch der
Figuren, war kaum möglich, weil die Dienste die
Gewölberippen und -kappen tragen. Zudem ist die
Chormauer hinter den Standbildern sehr geschwächt,

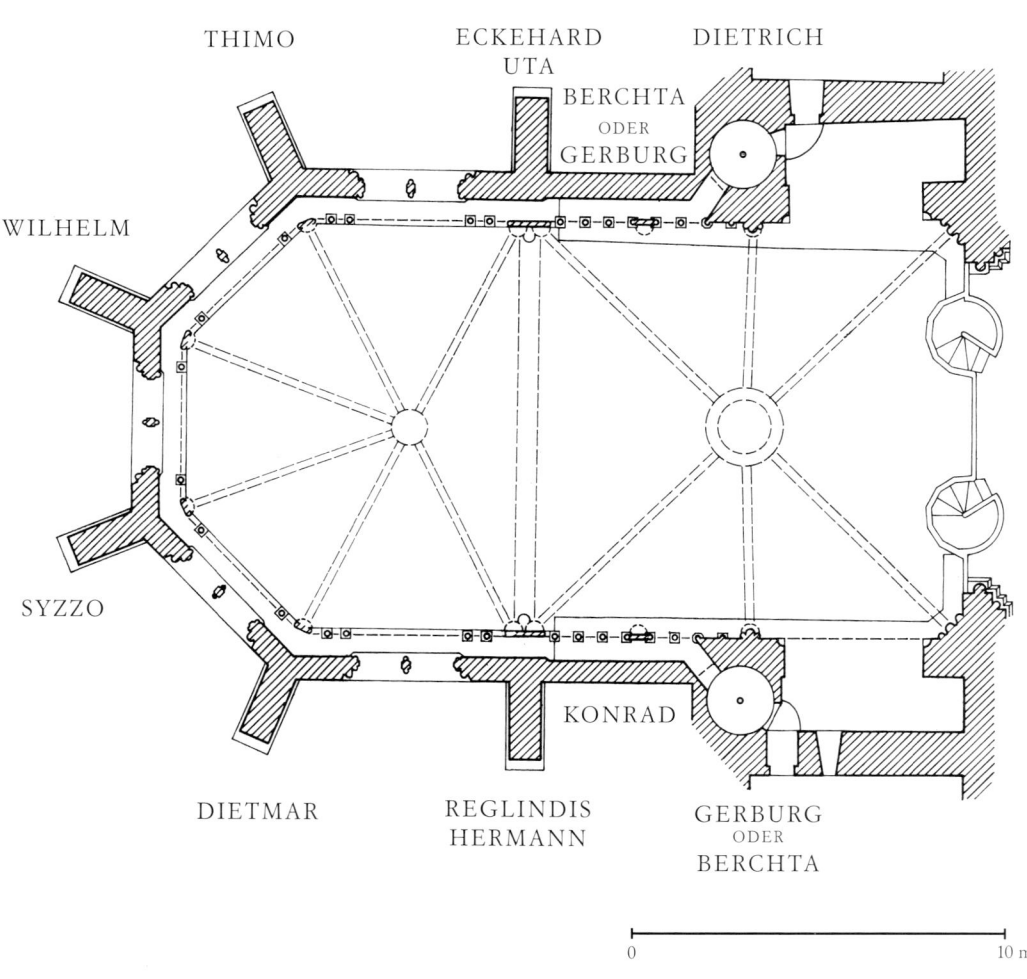

*Grundriß des Westchors*
*(Seite 81) Standbilder des Markgrafen Hermann und seiner Gemahlin Reglindis*

weil sich dort der begehbare Laufgang entlangzieht, über dem die Mauer erst wieder ihre volle Dicke erreicht. Das Gewicht der Mauer wird also unter anderem von den Steinblöcken der Standbilder und Dienste abgefangen, und deshalb ist anzunehmen, daß die Statuen schon während des Aufbaus des Chors versetzt und gleichzeitig mit diesem in den ersten Jahren nach der Mitte des 13. Jahrhunderts geschaffen wurden.

Die Arbeiten begannen im Westen des Bauwerks, die unteren Teile des Polygons entstanden zuerst, und man kann genau verfolgen, wie dabei vorgegangen wurde. Die Stiftskirche, deren Nachfolger der Westchor ist, wurde zunächst nur in ihrem westlichen Teil abgebrochen. Ihre Ostteile, ein von zwei Türmen flankiertes Sanktuarium, blieben bestehen. Die Fundamente des Westchors wurden anfangs nur für das Polygon, und zwar bis zu einer Fuge östlich der Dienste, die den quadratischen Chorraum von dem polygonalen Sanktuarium trennen, ausgelegt. Erst nachdem auf diesem Fundament alle aufgehenden Teile bis oberhalb des Laufgangs fertiggestellt waren, riß man den Rest der Stiftskirche, ihre Ostteile also, ab. Erhalten blieben lediglich ihre beiden äußeren Turmmauern, die in die spätromanischen Westtürme des Doms integriert worden waren.

Aus diesem Bau-Fortgang ist aber nicht zu schließen, daß der Meister die vier Statuen des Polygons, die Standbilder der Grafen Dietmar, Syzzo, Wilhelm und Thimo, als erste entwarf; denn es ist gut vorstellbar, daß alle Standbilder in Auftrag gegeben wurden, sobald der Gesamtplan für den Westchor vorlag.

Zunächst wurde das Sockelgeschoß des Chors errichtet, und zwar, wie gesagt, in zwei Bauabschnitten. In einem dritten kamen die oberen Teile des Bauwerks hinzu, und dann folgte die Schließung der Gewölbe. - Auf Grund der Baugeschichte ist nicht sicher zu entscheiden, welche Statuen zuerst und welche zuletzt geschaffen wurden - eine für die stilgeschichtliche Entwicklung im Werke des Meisters wichtige Frage.

Dargestellt sind vier Frauen und acht Männer des Hochadels, fast ausnahmslos Laien. An den Dienstbündeln zwischen dem Polygon und dem Chorquadrat stehen sich zwei Paare gegenüber, auf der Süd-

seite Markgraf Hermann mit seiner Gemahlin Reglindis und auf der Nordseite Markgraf Ekkehard II. mit seiner Gemahlin Uta. Im Polygon sind nach Angabe der Inschriften auf den Schilden von Süden nach Norden die Statuen der vier Grafen Dietmar, Syzzo, Wilhelm und Thimo angeordnet, und wer mit den vier Standbildern im quadratischen östlichen Teil des Chores gemeint ist, läßt sich nach wie vor nicht mit letzter Sicherheit sagen. Auf der Südseite hat man wahrscheinlich mit den Standbildern einer Gräfin Gerburg und eines Grafen Konrad zu rechnen, auf der Nordseite, Gerburg gegenüber mit deren Gemahl, einem Grafen Dietrich, und Konrad gegenüber mit der Gräfin Berchta, der Mutter der ebenfalls im Chor verewigten Grafen Wilhelm und des erwähnten neben ihr stehenden Grafen Dietrich.

Der Stammbaum zeigt, daß die meisten der Dargestellten - obwohl schon im 11. Jahrhundert verstorben - mit dem Bauherrn, Bischof Dietrich II. von Naumburg (1244-72), weitläufig verwandt waren. Aber die Verwandtschaft mit dem regierenden Bischof kann nicht allein der Grund dafür gewesen sein, sie in so auffälliger Weise mit „Denkmälern" zu ehren, schon gar nicht, wenn man sich vergegenwärtigt, daß sie hier in einem Chor, also in einem Raum stehen, der normalerweise nur Geistlichen zugänglich war. Zudem nehmen sie ihren Platz in einer Zone des Raumes ein, die den höchsten Geistlichen, ausgewählten Naumburger Bischöfen, und außer diesen nur Heiligen vorbehalten war - in der 1253 vollendeten Ste. Chapelle in Paris beispielsweise den zwölf Aposteln.

Im Naumburger Westchor erhielten zwölf *Laien* lebensgroße „Denkmäler" - was schon immer als sonderbar empfunden wurde. Der Hauptgrund für diese ungewöhnliche, tatsächlich einzigartige Aufstellung und Ehrung dürfte sein, daß die hohe Naumburger Geistlichkeit sich die Stifter ihrer Kirche bei den jährlich auszurichtenden Memorienfeiern im Bilde vergegenwärtigen wollte. Andere Absichten kamen aber hinzu: Die mit dem Bauherrn weitläufig verwandten Stifter repräsentieren sowohl den hohen Adel als auch die bedeutendsten Wohltäter der Kirche. Sie sind sowohl Vorbilder für die Lebenden als auch Zeugen für ihre Stiftungen, also für den Besitz der Kirche.

*Linke Hand des Standbilds des Markgrafen Hermann*
*(Seite 82) Kopf des Standbildes des Markgrafen Hermann*
*(Seite 83) Kopf des Standbildes der Markgräfin Reglindis*

Indem sie an den liturgischen Feiern einerseits teilnehmen, andererseits aber in einer Raumzone stehen, die den Heiligen vorbehalten war, verbinden sie nicht nur die Toten mit den Lebenden zu einer alle umfassenden Gemeinschaft, sondern auch die noch auf Erden lebenden Teilnehmer an der gottesdienstlichen Feier mit den Fundatoren, für die ständig gebetet wurde und denen ein Platz im himmlischen Paradies bereits gewiß war.

### DIE STIFTER-PERSÖNLICHKEITEN

Die Stifter-Standbilder im Westchor des Naumburger Doms stellen Individuen vor, und sie zeigen ganz bestimmte, für den Betrachter erkennbare Charaktere. Sie haben „sprechende" Physiognomien, und auch ihre Gebärden, Haltungen und sogar die Falten ihrer Gewänder verdeutlichen, wie eine jede Statue verstanden werden soll. Aber es kann sich gar nicht um die Wiedergabe von Porträts handeln; denn als die Standbilder geschaffen wurden, waren die Dargestellten, vier Damen und acht Herren des Hochadels, längst verstorben. Um hier zwei besonders eindrucksvolle Beispiele zu nennen: Die Brüder Markgraf Hermann und Markgraf Ekkehard II., die bedeutendsten Stifter, verstarben 1031 und 1046, waren also beide, als der Bildhauer den Auftrag für die lebensgroßen Standbilder erhielt, schon vor mehr als 200 Jahren zur letzten Ruhe gebettet worden. Tatsächlich konnte niemand wissen, wie sie, wie alle die Stifter, deren Statuen im Westchor des Doms so lebenswahr aufzutreten scheinen, zu Lebzeiten ausgesehen haben. Der Bildhauer hatte dafür nicht die geringsten Anhaltspunkte.

Deshalb wird man fragen und hat man immer wieder gefragt, welchen Auftrag der Bischof und das Domkapitel dem Bildhauer und Werkmeister gegeben haben könnten, wie es denn zu solchen wirklichkeitsnahen „Porträts" hat kommen können und welche Vorstellungen den Meister beherrscht haben mögen, als er sich an die Arbeit machte. Diese und ähnliche Fragen sind zwar in der Forschung wiederholt gestellt worden, aber abgesehen von mehr oder weniger phantasievollen Hypothesen unbeant-

wortet geblieben, weil man viel zu wenig weiß: vom Leben und Treiben jener Menschen, von den damaligen Auftraggebern und Künstlern, ja sogar von den Idealvorstellungen der Zeitgenossen sowohl im 11. als auch im 13. Jahrhundert, von deren Ethik und Moral, nachdem weit mehr als 700 beziehungsweise sogar weit mehr als 900 Jahre vergangen sind.

Die Kernfrage endet also in einem Dilemma? Wir können die Standbilder zwar betrachten, haben aber keine rechte Möglichkeit zu plausibler, „handfester" Erklärung? Wenn wir vor diesen großartigen Kunstwerken stehen, sind wir bei der Deutung auf die Phantasie der Forschung oder unsere eigene Vorstellungskraft angewiesen?

Wenn im Folgenden dennoch der Versuch gemacht wird, Fakten zusammenzustellen und die Absichten

*Vogel am Laufgang des Westchors*

*Kopf der Statue Markgraf Ekkehards II.*
*(Seite 87) Statuen des Markgrafen Ekkehards II. und seiner Gemahlin Uta*

*Standbild der Markgräfin Uta, Detail*

*Detail des Standbilds des Markgrafen Ekkehard II.*

90

*Standbild der Markgräfin Uta, Detail*

der Auftraggeber zu rekonstruieren, dann geschieht das mit der gebotenen Vorsicht und mit dem ausdrücklichen Hinweis, daß das Gedankengebäude, das hier zu errichten versucht wird, noch immer nur dünne Fundamente hat.

Was hat man in Naumburg gegen Mitte des 13. Jahrhunderts von den Brüdern Markgraf Hermann und Markgraf Ekkehard II. gewußt? Wer das Archiv des Bischofs und des Domkapitels damals zurate zog, erfuhr aus Originalurkunden und Fälschungen des 12. Jahrhunderts, daß die Markgrafen ihr Erbe, vor allem den befestigten Ort Naumburg, der Kirche stifteten, daß Kaiser Konrad II. (1024–39) dem Markgrafen Hermann im Jahre 1030 das königliche Gut Groitzsch übereignete, daß beide Markgrafen den Ort Naumburg mit ihrem väterlichen Erbe zu bischöflichem Rang erhoben, daß Ekkehard II. sich bei König Heinrich III. für zwei Schenkungen zugunsten der Naumburger Domkirche einsetzte, daß König Heinrich III. feststellte, er könne dem Markgrafen Ekkehard II., „seinem getreuesten Getreuen, am allerwenigsten einen Wunsch abschlagen", und daß die Markgrafen Hermann und Ekkehard in Naumburg das königliche Marktrecht, Kirchen und Gemeinschaften von Mönchen und Nonnen etablierten unter der Bedingung, daß der Bischofssitz von Zeitz nach Naumburg verlegt werde. Die Urkunden, echte und gefälschte, führten also zu dem unabweislichen Schluß, daß sich die Markgrafen auf Grund der Stiftung ihres Erbes bei der Verlegung des Bischofssitzes nach Naumburg größte Verdienste erworben hatten und daß sie mit Kaiser Konrad II. und seinem Sohn, Kaiser Heinrich III. (1039–56), enger als andere verbunden waren.

Außer den Urkunden konnte man um 1250 in Naumburg noch das Kalendar und die Mortuologien des Naumburger Doms befragen. Dort fand man Eintragungen der Gedenktage der beiden Markgrafen und ihrer Gemahlinnen sowie Angaben über die Pflichten des Domklerus zu kirchlichen Handlungen im Dom und an ihren Gräbern am Todestage. Wo die vier Hauptstifter im Dom bestattet wurden, wo also die Memorialgottesdienste stattfanden, ist in diesen Zusammenstellungen nicht ausdrücklich vermerkt worden – begreiflicherweise, denn die Grab-

stellen dieser vier für die Naumburger Geistlichkeit wichtigsten Stifter-Persönlichkeiten waren selbstverständlich bekannt und wurden als bekannt vorausgesetzt. Die Begräbnisplätze aller anderen in der Naumburger Überlieferung genannten Hauptstifter wurden übrigens in dem einen der beiden Mortuologien verzeichnet. Doch davon später.

In einem Mortuologium wurde die Erwähnung von Ekkehards II. Bruder Hermann mit einem bezeichnenden Zusatz versehen. Hermann wird dort „comes et canonicus", Graf und Domherr, genannt. Hermann hatte demnach als einziger der Hauptstifter einen hohen geistlichen Rang!

Die beschreibenden historischen Quellen, die man gegen 1250 in Naumburg einsehen konnte, sind nicht bekannt. Bischof Thietmar von Merseburg (†1018), neben Widukind von Corvey unsere wichtigste literarische Quelle für diese Zeit, hat die beiden Markgrafen mehrfach in seiner Chronik erwähnt, als Söhne eines bedeutenden Vaters, dessen Erbe ihnen vom eigenen Onkel streitig gemacht wurde, und als mächtige und kriegerische Herren an der Ostgrenze des Reiches. Die beiden Persönlichkeiten werden dabei, man kann nichts anderes erwarten, nur dem Namen nach unterschieden, nicht etwa unterschiedlich charakterisiert.

Vielleicht hatte man auch Kenntnis von den Mitteilungen des sogenannten Sächsischen Annalisten, die hier abschließend zu zitieren sind. Dort erfährt man, daß Ekkehards I. Leichnam mehrere Jahre nach dem Tode des Markgrafen (†1002) zusammen mit seinen Ahnen von Gene (vermutlich Kleinjena unweit Naumburg) nach Naumburg übergeführt wurde. Diese Stadt, verlautet dort weiter, übergaben die Markgrafen Hermann (1009–31) und Ekkehard II. (Markgraf 1028–46) „zusammen mit ihrer gesamten Erbschaft dem Dienste Gottes, seiner Mutter, des heiligen Petrus und anderer Heiliger, da sie keine eigenen Kinder hatten. Seit dieser Zeit wurde der Bischofssitz, der sich in der Stadt Zeitz befand, in dieselbe Stadt (Naumburg) übertragen".[10]

Viel Neues war dem allem nicht zu entnehmen, aber wesentlich mehr wird man in Naumburg gegen 1250 über die wichtigsten Stifter des Domes, deren Statuen mit Schild und Schwert die hohe Herkunft

*Statue des Grafen Dietmar, Ausschnitt*
*(Seite 92) Das Standbild des Stifters Graf Dietmar*

demonstrierend an exponierter Stelle im Sanktuarium aufgestellt wurden, nicht gewußt haben. Wie kam man also auf den Gedanken, die beiden Markgrafen so verschieden darzustellen, den einen, Ekkehard, als Mann noch in den besten Jahren, älter geworden als sein Bruder, gewohnt Schwert und Schild zu führen und sich zu gebärden als ein Herr, der keinen Widerspruch duldet, den anderen, Hermann, wie einen erwachsenen Jüngling, jünger verstorben als sein Bruder, gewiß weniger sicher in der Handhabung von Schwert und Schild, die er, weil zu groß, wohl kaum würde benutzen können, ein Mann, der sich mit ganzem Herzen den Vorgängen am Altar widmet? Sollten in dem Bilde Ekkehards II. alle Vorstellungen von dem kaisertreuen Markgrafen an der Ostgrenze des Reiches zusammengeflossen sein, der zwar hart durchgriff, aber auch entsprechend erfolgreich war, während die Statue seines Bruders den frommen Stifter meint, einen dem Gottesdienste hingegebenen Domherrn? Mit anderen Worten: Haben die Auftraggeber der Mitte des 13. Jahrhunderts dem Bildhauer mitgeteilt, wie sie sich die beiden Markgrafen auf Grund der ihnen zur Verfügung stehenden schriftlichen Unterlagen und der mündlichen Tradition vorstellten? Hat der Naumburger Meister einen Markgrafen erfinden sollen, der ein mächtiger und erfolgreicher Herrscher war, und einen anderen, der ein Leben im Dienste Gottes führte? Daß diese Überlegungen nicht ganz abwegig sind, können Interpretationen der vier Grafen-Standbilder im Polygon wahrscheinlich machen. Zuvor aber müssen die Gemahlinnen der beiden Markgrafen, Uta und Reglindis, in die Betrachtungen einbezogen werden. Von beiden wußte man um die Mitte des 13. Jahrhunderts in Naumburg gewiß nicht mehr, als daß sie Gemahlinnen der beiden Hauptstifter waren. Eine 1249 in Naumburg ausgefertigte Urkunde Bischof Dietrich II. von Naumburg und das Kalendar sowie die Mortuologien des Naumburger Doms sind übrigens die einzigen Quellen, aus denen das hervorgeht. Markgräfin Uta war eine Schwester des Grafen Esico V. von Ballenstedt, und diese ihre Herkunft ist das Einzige, was wir von ihr wissen. Auch von Markgräfin Reglindis, einer Tochter Boleslav Chrobrys von Polen, ist lediglich der Name bekannt.

Der Naumburger Meister hat die beiden hochadligen Damen aber so unterschiedlich charakterisiert, daß man annehmen möchte, seinen Auftraggebern hätten zusätzliche Nachrichten über sie zur Verfügung gestanden.

Bei der Deutung dieser beiden Standbilder können bisher lediglich ihre Namen und die kurzen Angaben zu ihrer Herkunft weiterhelfen. Der freundlich gewinnend entgegenkommenden polnischen Herzogstochter Reglindis steht die verschlossen-kühle, zurückhaltende Ballenstädter Grafentochter Uta gegenüber. Vielleicht hatte sich dieser Stifterpaare schon bald die Sage angenommen, etwa so, daß in Naumburg von dem mächtigen und siegreichen Markgrafen Ekkehard mit seiner schönen, holden und neben dem selbstbewußten Gemahl milde auftretenden Uta erzählt wurde, und von dem frommen, früh verstorbenen Markgrafen Hermann, der Domherr war und als Gemahlin eine Tochter des polnischen Herzogs Boleslaw Chrobry hatte, von dem man ganz sicher auch wußte, daß er sich kurz vor seinem Tode im Jahre 1025 die polnische Königskrone aufgesetzt hatte. Die Standbilder beider hochadligen Damen sollen aber vielleicht zugleich auch ihre Ehemänner charakterisieren, deren Statuen neben ihnen stehen. Reglindis wäre dann im Sinne einer fröhlichen klugen Jungfrau zu verstehen, die neben dem in frommer Hingabe aufgehenden Domherren Markgraf Hermann die Haltung und religiöse Bindung ihres Gemahls zuversichtlich und des himmlischen Lohnes gewiß teilt und betont, während Uta Ekkehards selbstbewußtem Kämpfer- und Herrscherdasein mit aristokratischer Zurückhaltung und kühler nobler Ruhe begegnet, so daß diese Ehepaare zusammen die Summe der Tugenden des hohen Adels verkörpern.

Die beiden Statuen-Paare sollen jedenfalls nicht nur unterschiedliche, sondern auch die Antithese gegensätzlicher Taten, Fähigkeiten, Tugenden und Haltungen darstellen. Ekkehard und Hermann, beide hochadlige Laien, sind unterschiedlichen und gegensätzlichen Daseinsformen zugeordnet, denen Reglindis und Uta entsprechen könnten. Als die Hauptstifter des Doms, die ohne Nachkommen geblieben, ihr riesiges Vermögen der Domkirche vermachten, verkörpern sie zusammengesehen den mittelalterlichen deutschen Hochadel, mächtige Stifter, denen der Dom verdankt wird, Vorbilder für künftige Generationen.

Vielleicht geht diese Interpretation bereits zu sehr ins Detail. Bischof Dietrich II. und sein Domkapitel hatten nachweislich eine Liste der „primi fundatores", der bedeutendsten Stifter, zusammengestellt, und sie beauftragten den Bildhauer, Standbilder der dort aufgeführten Persönlichkeiten zu entwerfen. Verwechslungen waren für alle Zeit auszuschließen; denn die liturgischen Dienste sollten an den dafür festgelegten Tagen, dem jeweiligen Todestag, unter anderem vor dem Standbild durchgeführt werden. Künftige Generationen mußten also sicher sein können, welche Stifter-Persönlichkeit mit der einen oder der anderen Statue gemeint ist. Zur genauen Bezeichnung konnten, wie bereits angedeutet, einerseits Inschriften an den Standbildern und andererseits die Verbildlichung der „legendären" Taten herangezogen werden. Beides läßt sich nachweisen.

Rechts, also westlich neben Hermann und Reglindis fand die Statue eines Grafen Dietmar Aufstellung. Ein Krieger – ohne Rüstung! – ist dargestellt, der seinen Schild erhoben hat und eben sein Schwert zückt um zuzuschlagen. Wie bei allen Figuren im Polygon des Chores überliefert eine Inschrift auf dem Schildrande nicht nur den Namen, sondern auch einen kurzen, die Person des Dargestellten genauer benennenden Zusatz, hier: *DIETMARVS COMES OCCISVS, Graf Dietmar, der erschlagen wurde.*

Die Inschrift ist zwar nicht original, darf aber als zeitgenössisches Zeugnis gelten, obwohl die Form der Schriftzüge das erste Viertel des 16. Jahrhunderts als Entstehungszeit vermuten läßt. Genauem Hinsehen entgeht nämlich nicht, daß unter der gut lesbaren Kapitalis des 16. Jahrhunderts noch Buchstaben zu erkennen sind, die von der Erstbemalung beziehungsweise -beschriftung stammen dürften, und diese, mit bloßem Auge nur schattenhaft wahrnehmbaren Buchstaben haben die Form der sich seit der Mitte des 13. Jahrhunderts durchsetzenden gotischen Unzialis. Auch konnte nachgewiesen werden, daß die Buchstabenfolge im 16. Jahrhundert zwar auf dem Schildrande anders angeordnet, also nicht an

derselben Stelle verzeichnet, aber nicht verändert wurde. Demnach ist so gut wie sicher, daß diese und alle anderen Schildinschriften, was den Inhalt angeht, den Wert von Originalzitaten oder –zeugnissen aus der Zeit spätestens kurz nach der Errichtung des Westchors haben.

Der Naumburger Graf Dietmar, soviel ist nunmehr klar, wurde - wann immer er gelebt hat - nach den Kenntnissen des oder der Geistlichen, die das Standbild gegen Mitte des 13. Jahrhunderts in Auftrag gaben, erschlagen – und diese damals bekannte Tatsache wurde auf seinem Schildrande verzeichnet, um jede Verwechselung auszuschließen, so daß man auch in Zukunft wissen mußte und konnte, welcher Graf Dietmar – der Name war durchaus nicht selten – gemeint ist.

Die Darstellung und die Angabe der Inschrift stimmen hier in ihrer Aussage überein. Das Standbild und die Inschrift lassen an das entscheidende Ereignis am Ende von Graf Dietmars Leben denken, an seinen Antritt zum letzten Kampf. Damit war der Stifter eindeutig identifizierbar - mit seinem Namen und seinem persönlichen Schicksal.

Im Mortuologium B des Naumburger Doms stand – in wörtlicher Übersetzung aus dem Lateinischen: „Graf Dietmar, der Stifter, begraben vor dem Altar des heiligen Johannes, des Evangelisten."[11] Der Johannesaltar dürfte sich in der Apsis des Nordarms des Querhauses des frühromanischen Doms befunden haben. Erst bei dem spätromanischen Neubau des Doms wurde er in die untere Kapelle des Nordostturms verlegt. Da Graf Dietmar vor dem Altar bestattet wurde, war er gewiß dessen Stifter.

Der Stifter eines Altares im frühromanischen Dom war auch Graf Thimo von Kistritz, dessen Standbild in der Nordwestecke des Westchors aufgestellt wurde. In dem Naumburger Mortuologium B erfährt man nämlich: „Thimo von Kistritz, der der Kirche Kistritz und viele andere Anwesen vermachte, *begraben vor dem Altar des heiligen Stephan".*[12] Dieser Altar hatte im Südarm des Querhauses die gleiche Position wie der Johannesaltar im Nordarm. Er hat in der südlichen Nebenapsis des frühromanischen Doms gestanden. - In einer Urkunde vom 29. 9. 1053 wird ein Graf Thimo von Brehna als Zeuge genannt, und

Der Schild des Grafen Syzzo
(Seite 97) Das Standbild des Grafen Syzzo
(Seite 99) Der Kopf des Standbilds des Grafen Syzzo

dieser Thimo war ein Wettiner, ein Bruder des Markgrafen Dedi von der Ostmark und des Grafen Gero von Brehna. Graf Thimo von Brehna und der Naumburger Thimo von Kistritz sind, darin ist sich die Forschung offenbar einig, identisch. Der Zusatz „von Kistritz" zum Namen „Thimo" begegnet nur in der Naumburger Überlieferung. Auch auf dem Schilde des Standbilds liest man: Thimo von Kistritz, der der Kirche sieben Güter gab.[13]

Graf Thimos Stiftungen müssen sehr beträchtlich gewesen sein. Daß er aber genau *sieben* Anwesen bzw. Güter stiftete, darf man nicht wörtlich nehmen. Die Sieben war im Mittelalter – und ebenso schon in der Bibel – eine Symbolzahl. Gemeint ist damit genau das, was die Angabe im Mortuologium besagt: Graf Thimo hat dem Naumburger Dom „Kistritz und viele andere Anwesen", also einen sehr umfangreichen Landbesitz übereignet, und zwar gewiß als Stifter des Sankt-Stephans-Altars im Südarm des Querhauses. Merkwürdig ist nur, daß das Standbild des Thimo einen Mann vergegenwärtigt, dessen Gesichtszüge man nicht anders als *grundböse* bezeichnen kann, und dessen Gestalt gebändigte Härte, zurückgehaltenes Zupackenwollen ahnen lassen. Kleid und Mantel bilden besonders feine und scharfe Falten. Der zornigböse Blick wendet sich zu dem westlich von ihm stehenden Markgrafen Ekkehard II. Die Statue soll also doch wohl nicht, wie die Forschung konstatierte, einen bösen Mann schlechthin vorstellen – was dann zu manchen seltsamen Überlegungen und Fragen führen mußte: Wie konnte man, so wurde mehrfach gefragt, denn einen so schlimmen und sündigen Menschen in einem Chor verewigen, noch dazu an einer Stelle, die sonst nur Heiligen vorbehalten war? – Auch im späteren Mittelalter hatte man dafür kein Verständnis; denn der Statue des Thimo bemächtigte sich schon bald die Sage, nachzulesen in den Altzellaer Annalen, die vermutlich um 1410 kompiliert, also aus mehreren Quellen schöpfend, zusammengefaßt wurden.[14] Nein, Graf Thimo ist von der hohen Naumburger Geistlichkeit nicht als Sünder-Beispiel ausgewählt worden, sondern er wird, was später in Vergessenheit geriet, als Persönlichkeit vor Augen geführt, die unter dem zu seiner Linken postierten Markgrafen Ekkehard II. schwer gelitten hat. Graf

Thimo wird gezeigt als ein Mann, der auf Vergeltung aus ist, der ganz und gar von Rachegedanken erfüllt ist. Hier wird offensichtlich an ein spektakuläres Ereignis in Thimos Lebensgeschichte erinnert. Der Graf hatte nämlich tatsächlich allen Grund, finster zu dem Markgrafen zu blicken; Ekkehard II. hatte seinen, Thimos Vater, den Grafen Dietrich, im Bett ermorden lassen, wie die Hildesheimer Annalen mitteilen.[15] Fragt man nun wieder nach dem Auftrag, den der Naumburger Klerus dem Bildhauer gab, dann fällt die Antwort hinsichtlich des Standbilds des Grafen Thimo gewiß nicht schwer. Der sogenannte Naumburger Meister und seine Werkstatt hatten die Statue eines vermögenden hochadligen Stifters zu entwerfen, der wenige Meter neben dem „Mörder" seines Vaters steht. Umgekehrt hatte Ekkehard II. selbstverständlich so auszusehen, daß ihn diese Geschehnisse der Vergangenheit zwar gezeichnet haben, aber nicht mehr unmittelbar berühren. In diesen beiden Stifterfiguren haben also historische Vorgänge Gestalt gewonnen – und das war von Bischof und Domkapitel beabsichtigt und dem Künstler aufgegeben worden.

Auf dem Schilde des Standbilds neben dem Grafen Dietmar steht „SYZZO COMES DO", was wohl heißen soll: Graf Syzzo von Thüringen (Doringiae). Und dazu paßt die Wappenfigur auf seinem Schilde ausgezeichnet: ein steigender Löwe, das Wappen des Thüringer Hauses Schwarzburg-Käfernburg, dem Graf Syzzo, vielleicht ein Bruder des ersten Naumburger Bischofs Hildeward, angehört hat. So unsicher die Identifizierung des Standbilds bleibt, weil man nicht mit letzter Sicherheit sagen kann, welcher Träger des Namens Syzzo gemeint ist, so zweifelsfrei ist zugleich, daß nur der Wappenschild des Syzzo die richtige Wappenfigur, den „steigenden" Thüringer Löwen, aufweist. Kein Wunder, denn während die anderen Stifter um die Mitte des 13. Jahrhunderts zwar alle dem Namen nach bekannt waren, aber wohl nicht mehr ganz eindeutig genealogisch zugeordnet werden konnten, waren im Falle des Syzzo im Naumburger Bistum sowohl die Familienzugehörigkeit als auch das Wappen bekannt, weil die Syzzonen auch in der zweiten Hälfte des 12. Jahrhunderts noch in enger Verbindung zu den Naum-

*Die rechte Hand des Standbilds des Grafen Thimo*
*(Seite 100) Das Standbild des Stifters Thimo von Kistritz*
*(Seite 102) Der Kopf des Stifterstandbilds Thimo*

103

burger Bischöfen standen. Nur in diesem einen Falle hat man es nachweislich mit einer richtigen Wappenfigur zu tun, alle anderen sind entweder längst vergangen, also nicht mehr vorhanden, oder die Schilde zeigen Ornamente an Stelle der Wappenfigur. Diese Feststellung ist nicht unwichtig. Wer nämlich in dem Naumburger Stifterzyklus ein Familiendenkmal der Wettiner sehen möchte, müßte erklären, warum ausgerechnet das Wappen der Wettiner – bisher jedenfalls – nicht nachweisbar ist.

Walter Schlesinger[16], der mehrere Syzzonen mit der Statue in Verbindung bringt, entschied sich letztlich für einen 1149 urkundlich als Graf von Thüringen bezeichneten Syzzo, relativiert diese Identifizierung dann aber. Eine endgültige Klarheit ist offenbar nicht mehr zu gewinnen. Der Name dieses Grafen Syzzo begegnet in zwölf Naumburger Urkunden der Jahre 1114–1159. Da eine Identifizierung vorläufig nicht gelungen ist und weiterführende literarische Quellen bisher nicht nachgewiesen werden konnten, da Graf Syzzo weder in dem Kalendar noch in den Mortuologien des Naumburger Doms vorkommt und lediglich in Bischof Dietrichs II. Urkunde von 1249 als einer der primi Fundatores, also als Erststifter oder besonderer Stifter, genannt wird, kann zu weiteren Feststellungen nur das Standbild selbst befragt werden – so subjektiv, willkürlich und zeitbedingt ein solcher Versuch auch sein muß und ist. Angetan mit Kleid und darüber gelegter Suckenie, einer Art Cape, und zwar aus dickem Stoff, so daß sich senkrechte, großräumige Falten bilden, scheint der Graf noch ruhig dazustehen. Seine Linke hält den Schild, die Rechte hat das in der Scheide steckende Schwert geschultert. Die Suckenie ist, wie üblich, nicht geknöpft, sondern wird unter dem Hals von einer neben den Saum durchgesteckten dicken Quaste zusammengehalten. Der Kopf mit herabwallendem vollem Haupthaar und – als einziger der Naumburger Stifter – mit gelocktem Vollbart ist nach rechts gewendet. Der kritische Blick dorthin, die energisch zusammengezogenen Augenbrauen, die leidenschaftliche innere Teilnahme und sich zugleich auf das Beobachten beschränkende Zurückhaltung stehen im Widerspruch zu dem geöffneten Mund. Graf Syzzo ist wahrscheinlich dargestellt als urtei-

lender Richter über eine Person – rechts neben ihm, oder er gibt dieser einen Befehl oder Rat. Im Gegensatz zu Markgraf Hermann, der sich voller Hingabe dem Altar zuwendet, im Gegensatz auch zu Markgraf Ekkehard, der seiner selbst sicher und in sich ruhend mit seinen eigenen Gedanken beschäftigt zu sein scheint, richten die Grafen Syzzo und Thimo nicht nur ihre Blicke, sondern auch ihre Aktion nach rechts bzw. links, der eine, wie gesagt zu Markgraf Ekkehard, der andere zu Graf Dietmar, der eine voller Haß und in Gedanken fast schon bereit zur Attacke, der andere eher mit dem energischen Versuch, auszugleichen und Frieden zu stiften. „Es ist richtig, daß das in der Scheide steckende, mit dem Gehänge umwundene Schwert, wie es Sizzo schultert, das Wahrzeichen der vollen Gerichtsgewalt und infolgedessen auch des Richters sein kann. ... Doch besteht keine Veranlassung, Sizzo deswegen als Richter charakterisiert zu denken, denn ebenso oft ist das geschulterte Schwert das Wahrzeichen des Landesherrn,“ schrieb Walter Schlesinger.[17] Die literarischen Quellen erlauben es nicht, zwischen diesen beiden Möglichkeiten zu entscheiden. Da aber unmittelbar neben Graf Syzzo, Graf Dietmar sich zum letzten Kampfe anschickt, liegt die Interpretation des Syzzo als Richter sehr nahe. Die Darstellungen beider werden auf mündliche Naumburger Überlieferung zurückzuführen sein. Schwer vorstellbar, daß dieser Syzzo erst im 12. Jahrhundert (1114–59) gelebt haben soll, zumal er in Bischof Dietrichs Urkunde unmittelbar nach den markgräflichen Ehepaaren genannt wird und nach diesen auch den würdigsten Platz – im Scheitel des Polygons in rechter Position – erhielt. Daß auch Graf Syzzo in einer persönlichen Lage vor Augen geführt wird, die einen positiven oder negativen Höhepunkt seines Lebens ausmachte, ist wohl nicht zu bezweifeln: Er hat als Richter – vielleicht auch als Landesherr? – Anteil am Tode des Grafen Dietmar, „der erschlagen wurde“.

In jener Urkunde Bischof Dietrichs II. von Naumburg aus dem Jahre 1249 werden elf „primi nostre ecclesie fundatores“, also Haupt- oder Erststifter unserer Kirche, namentlich genannt. Nicht nur die ersten vier in der Aufzählung, die Markgrafen Hermann und Ekkehard mit ihren Gemahlinnen Uta und

*Der Schild des Grafen Wilhelm*
*(Seite 105) Das Standbild des Grafen Wilhelm*
*(Seite 107) Der Kopf der Statue des Grafen Wilhelm*

Reglindis, sondern auch die letzten fünf dieser elf Persönlichkeiten, nämlich Graf Wilhelm, Gräfin Gepa, Gräfin Berchta, Graf Dietrich und Gräfin Gerburg waren eng miteinander verwandt. Gräfin Berchta, die Gemahlin des Wettiners Gero, deren Name zwischen den beiden Ehepaaren – Wilhelm und Gepa, sowie Dietrich und Gerburg – verzeichnet ist, war die Mutter von dem Naumburger Bischof Günther (†1090) und von dessen beiden Brüdern, den Fundatoren-Grafen Wilhelm und Dietrich. Diese fünf in der Urkunde namentlich genannten besonderen Stifter bilden also eine wettinische Gruppe, und vier von ihnen, die beiden Ehepaare, wurden vor dem Kreuzaltar des frühromanischen Naumburger Doms bestattet. Das Grab der einen der beiden dort beigesetzten Damen wurde unmittelbar nördlich neben den Stufen des Ostlettners des spätromanischen, also des erhaltenen Doms archäologisch nachgewiesen. Sie war kurz vor ihrer Niederkunft gestorben.[18] Die anderen drei Grabstätten wären unter den Stufen des Ostlettners zu suchen. Oder wurden sie bei dem Neubau des Doms im frühen 13. Jahrhundert umgebettet?

An der Bestattung der gräflichen Wettiner-Ehepaare Wilhelm und Gepa sowie Dietrich und Gerburg vor dem Kreuzaltar des frühromanischen Naumburger Doms ist jedenfalls nicht zu zweifeln. Da sie ihre Grabstätte an einer der begehrtesten, in der Regel den Stiftern einer Kirche vorbehaltenen Stelle erhielten, müssen sie, was bisher wohl zu wenig beachtet wurde, als *die* Stifter des Doms gegolten haben, muß ihr Stiftungs-Anteil an der Errichtung des frühromanischen Doms sehr hoch gewesen und schon damals als entscheidend angesehen worden sein.

Nur eine Stifter-Statue des Westchors ist eindeutig auf eine dieser vier Persönlichkeiten zu beziehen, das Standbild des Grafen Wilhelm, das zwischen den Statuen der Grafen Syzzo und Thimo aufgestellt wurde. Auf dem Schildrande war und ist zu lesen: „Graf Wilhelm, der eine der Stifter."[19] Was aber soll damit gesagt werden? Daß vor dem Laufgang des Westchors ein ganzer Zyklus von Stifter-Figuren aufgestellt wurde, wußte natürlich jeder, der im Chor stand. Wozu also diese überflüssige Mitteilung, „der eine der Stifter"? Soll und kann diese Inschrift besagen, daß die Auftraggeber über Graf Wilhelm nichts in Erfahrung gebracht hätten außer dieser einen Tatsache, daß er einer der Stifter gewesen ist?

Die fünf erhaltenen Inschriften an den Schildrändern bezeichnen den jeweils Dargestellten so, daß eine Verwechselung ausgeschlossen ist. Bei Ekkehard hielt man es für ausreichend, seinen Markgrafentitel anzugeben, „Markgraf Ekkehard". Bei Syzzo genügte der Hinweis auf seine Herkunft, „Graf Syzzo von Thüringen". Bei Graf Dietmar – wie gesagt ein damals in Sachsen und Thüringen häufiger vorkommender Name – war mit dem Zusatz: „der erschlagen wurde" zweifelsfrei gemacht, um welchen Träger dieses Namens es sich handelt. Und bei dem Namen Thimo von Kistritz schloß die Ergänzung: „der der Kirche sieben Anwesen schenkte", jede falsche Identifizierung aus.

Die Inschrift auf dem Schilde des Grafen Wilhelm bleibt dagegen vorläufig rätselhaft; denn man kann eigentlich ausschließen, daß man um 1250 in Naumburg nichts weiter von diesem Manne gewußt hat, als daß er ein Stifter für den Dom war. Seine Gemahlin, Gräfin Gepa, war im wenige Kilometer Saale abwärts gelegenen Kloster Goseck, wie man in dessen Chronik nachlesen kann,[20] von einem bösen Dämon geheilt worden, und das hatte man in Naumburg gewiß nicht vergessen. Aber auch die Tatsache, daß jener Graf Wilhelm *von Camburg* gemeint ist, der zusammen mit seinem Bruder Dietrich jahrelang einer der erbittertsten Gegner Kaiser Heinrichs IV. war, dürfte noch vielen geläufig gewesen sein. Sollte die Inschrift „Graf Wilhelm, einer der Stifter" wirklich lediglich *daran* erinnern, daß der vor dem Kreuzaltar bestattete Graf nur *einer* von mehreren Stiftern war?

Das Standbild zeigt einen betroffenen, in Hingabe versunkenen, seinen Gedanken nachhängenden und nachblickenden Mann. Sein in den Umhang eingewickelter rechter Unterarm mit der zum Hals geführten und ebenfalls von dem Gewand verdeckten rechten Hand ist so auffällig und durch die künstlerische Komposition, durch den Verlauf der Gewandfalten betont, daß eine besondere Bedeutung unterstellt werden kann. Einen festen Anhaltspunkt dafür hat man aber bisher nicht gefunden. Sollten die Verinnerlichung

oder Traurigkeit des Grafen Wilhelm im Zusammenhang stehen mit der Krankheit seiner Gemahlin? Aber schon mit dieser Frage begibt man sich auf den Weg zu weit gehender Spekulation! Darf man aber nicht wenigstens fragen, ob die einst seelisch-geistig kranke und dann in Goseck geheilte Gräfin Gepa eine Statue erhalten haben wird oder nicht? Wahrscheinlich hatte man doch wenig Grund dazu, einer solcher Art Kranken ein Denkmal zu setzen? Auch das ist reine Spekulation.

Das Standbild des Grafen Wilhelm wurde weder neben noch gegenüber einer der Damen-Statuen plaziert. Man darf deshalb vielleicht damit rechnen, daß eine Skulptur seiner Gemahlin in dem Stifter-Zyklus des Westchors tatsächlich weder vorhanden noch vorgesehen war, obwohl für Gräfin Gepa als Stifterin, als „prima fundatrix", im Dom und gewiß vor allem im Westchor gebetet wurde. Sie teilte damit übrigens das Schicksal anderer Hauptstifter. Während nämlich die Urkunde von 1249 nur elf Hauptstifter namentlich nennt und im Westchor zwölf Standbilder aufgestellt wurden, von denen aber die Namen zweier – Thimo und Dietmar – in der Urkunde fehlen, begegnen in den Naumburger Mortuologien noch eine „fundatrix" Adelheid und einige weitere Persönlichkeiten, die mit den gleichen oder ganz ähnlichen liturgischen Diensten bzw. Feiern geehrt wurden wie die in der Urkunde von 1249 genannten. Zu erwähnen wären hier insbesondere Bischof Günther, der Bruder der Grafen Wilhelm und Dietrich, sowie ein Graf Ludwig, möglicherweise ein Landgraf von Thüringen – was Walter Schlesinger schon vermutete. – Die Feststellung, daß für Gräfin Gepa vermutlich keine Statue in Auftrag gegeben wurde, würde die Identifizierung der vier Standbilder im quadratischen Teil des Chors, die nun in die Betrachtung einbezogen werden müssen, erleichtern – weil man mit einem Standbild der Gräfin Gepa dann dort nicht mehr zu rechnen hätte.

Im Chorquadrat stehen die Figuren von zwei Damen und zwei Herren, und es liegt nahe, sie als zwei Ehepaare zu identifizieren. Die Aufstellung ist so, daß die Statuen von Gemahl und Gemahlin entweder jeweils nebeneinander oder einander gegenüber angeordnet sind; denn auf der Südseite folgen auf das Standbild des Markgrafen Hermann das eines Stifters und dann das einer Stifterin, auf der Nordseite aber auf das Standbild der Uta eine Stifterin und danach ein Stifter.

Die Forschung scheint sich weitgehend darin einig zu sein, daß das erste Standbild der rechten Seite, also an der Nordseite des Chors am weitesten östlich stehend, den Grafen Dietrich von Brehna, den Bruder des Grafen Wilhelm, darstellt. Der Reihenfolge der Namen in der Urkunde Bischof Dietrichs II. vom Jahre 1249 zufolge war Graf Dietrich mit einer Gräfin Gerburg verheiratet. Und die Tatsache, daß beide, Gerburg und Dietrich, vor dem Kreuzaltar des frühromanischen Domes, also nebeneinander, bestattet wurden, macht den Familienzusammenhang unzweifelhaft. Dem Standbild des Grafen Dietrich gegenüber fand eine der schönsten Schöpfungen des Bildhauers ihren Platz, die zumeist als Gräfin Gerburg identifizierte Skulptur. Die Statue ist bis in jedes Detail hinein edel und ausgewogen. Gemessenheit und Anmut, ein Anflug von Heiterkeit und Gelassenheit, Ernst und Milde scheinen in den Zügen dieses Gesichts und in dem Wesen dieser Gestalt in vollkommener Harmonie vereint. Sie trägt ein geschlossenes Buch in der Linken, und die Stimmung ihres Gesichts ist ernst. Ihr Blick richtet sich dem in den Chor Eintretenden zu. Eine Hinwendung zu dem ihr gegenüber stehenden Grafen Dietrich von Brehna wird nicht einmal angedeutet. Im Gegenteil: Sie ist mit sich allein beschäftigt, in sich zurückgezogen, isoliert von dem Manne neben ihr wie von dem ihr gegenüber.

Graf Dietrichs Gesicht, gezeichnet von Leid oder Mitleid, den Mund wie zu leisem Stöhnen geöffnet, gehört einem reifen, erfahrenen, Leid erprobten Mann. Er hat seinen verhältnismäßig kleinen Schild nicht – wie alle anderen außer Dietmar – mit der Spitze auf den Boden gestellt, sondern angehoben. Wie bei Wilhelm sind der rechte Unterarm und die Hand, die hier den Schwertgriff faßt, von einem Bausch des Mantels verhüllt, und über dem Kleid trägt er eine Weste aus schwerem Stoff, vielleicht Leder. Die ganze Gestalt wendet sich nach rechts, in den Chor hinein, wohl in Richtung zum Altar, zugleich aber auch der Dame westlich neben ihm zu,

*Das Standbild des Grafen Dietrich, Detail*
*(Seite 109) Das Standbild des Stifters Graf Dietrich*

obwohl sein Blick nicht dorthin, sondern ins Leere geht.

Westlich neben ihm steht eine Matrone, die einzige der vier Damen, die zwar wie die anderen drei eine prächtige und schwere Brosche angelegt hat, aber keine Krone trägt. Statt ihrer umfließt ihr Haupt ein Witwenschleier. Auch *ihr* Mund ist ein wenig geöffnet. Sie scheint leise vor sich hin zu beten, was sie soeben aufmerksam in dem aufgeschlagenen Buch liest. Offenbar ist sie dabei, noch einmal zurückzublättern, um sich des vollen Inhalts zu vergewissern. Den Mann ihr gegenüber nimmt sie nicht wahr. Dorthin besteht wie zu der Figur zu ihrer Rechten, zur Markgräfin Uta, keinerlei Verbindung. Aber dem Manne links neben ihr scheint sie sich leicht zuzuneigen, wie dieser sich ihr zuzuwenden scheint. Auch passen die beiden Dargestellten dem Alter nach am besten zusammen.

Wenn solche Interpretationen überhaupt zulässig sind – sie sind ja hypothetisch! –, dann dürften von den vier Standbildern im Chorquadrat diese beiden zusammengehören, und dann kann es sich dabei eigentlich nur um Graf Dietrich und seine Gemahlin, die Gräfin Gerburg, handeln, von deren Leben nichts bekannt ist. Daß sie mit Graf Dietrich verheiratet war, legt lediglich die Reihenfolge der Namensnennung in der Urkunde Bischof Dietrichs II. von 1249 nahe.

Für die Identifizierung der beiden Standbilder der Südseite des Chorquadrats bleiben dann immer noch mehrere Namen, für die schon kurz charakterisierte fromme, bisher als Gräfin Gerburg identifizierte Dame, die die Eintretenden zu begrüßen scheint, in erster Linie der Name der Gräfin Berchta oder einer Adelheid – deren drei in dem Naumburger Mortuologium vorkommen.

Das Standbild des Mannes neben ihr war lange Zeit nicht an seinem angestammten Platz und lag schwer beschädigt in einer der Turmkammern. Bei einem Brand im Jahre 1532 hatte, wie gesagt, auch das Gestühl des Westchors Feuer gefangen. Die über ihm vorkragenden Baldachine, das sogenannte Dorsale, wurden dabei sehr in Mitleidenschaft gezogen und stürzten herab. Aufnahmen aus der Frühzeit der Photographie lassen deutlich erkennen, daß sie damals bis auf ihre Ansätze am Mauerwerk zerbarsten. Und dabei fiel auch das erwähnte Standbild, das auf der Baldachinreihe gestanden hatte, herab. Die Baldachine des Dorsale wurden in den 70er Jahren des 19. Jahrhunderts, da die originale Gestaltung nicht mehr festgestellt werden konnte, durch Neuschöpfungen ersetzt, und damals holte man auch das Stifter-Standbild wieder aus einer Turmkammer hervor, ergänzte die abgebrochenen, aber nicht mehr vorhandenen Teile durch neue und stellte es wieder am alten Platz auf. Vieles mußte damals in freier Erfindung hinzugefügt werden. Der Kopf fehlte ganz, und der neue Kopf – aus Holz – erregte schon bald Anstoß – ebenso wie der ausgeführte Entwurf der neuen Dorsale-Baldachine. In den Jahren 1935/36 wurden deshalb sämtliche Baldachine tief eingreifend verändert, und zwar, wie bereits erwähnt, weitgehend nach dem Vorbild der Baldachinreihe des Dorsale im Dom zu Meißen, und im Jahre 1940 schuf der Münchener Bildhauer Christoph Bleeker einen neuen Kopf aus Stein für die Statue. Deutungsversuchen sind hier also noch engere Grenzen gesetzt als bei den anderen Statuen. Von den in der Urkunde Bischof Dietrichs II. aufgezählten männlichen Stiftern ist nur noch Konrad frei, und auf dem Schilde der Figur soll – freilich in neuzeitlicher Schrift – gestanden haben *CONRADUS COMES.*[21] Wenn diese Inschrift eine mittelalterliche Angabe wiederholen sollte, dann könnte mit diesem Standbild ein Neffe der Markgrafen Ekkehard und Hermann gemeint sein, der Sohn von deren Schwester Mechthild. Die Plazierung neben dem Standbild des Markgrafen Hermann ließe sich dann zwanglos erklären. Dieser Konrad war zudem – wie die beiden Markgrafen und gewiß auch deren Gemahlinnen – im Münster, in monasterio, wie es wörtlich heißt, bestattet. Der Familien-Zusammenhang würde damit erneut bestätigt.

## ÜBERLEGUNGEN ZUR DEUTUNG

„Dreierlei ist beim Naumburger Westchor zu scheiden: der geschichtliche Anlaß, die sakrale Bestimmung und die künstlerische Gestaltung. Eine Deutung des Ganzen, wie es heute vor uns steht, wird

*Der Kopf des Standbilds der Gräfin Berchta oder Gerburg*
*(Seite 113) Das Standbild der Gräfin Berchta oder Gerburg*

alle drei Momente gleichmäßig berücksichtigen müssen."[22] Mit dieser Feststellung leitet der Historiker Walter Schlesinger sein Kapitel „Wege zur Deutung" und damit zugleich die moderne, detailliert historisch fundierte Naumburg-Forschung ein, und er fährt fort: „Geschichtlicher Anlaß der Stifterfiguren war nicht das Familienbewußtsein Bischof Dietrichs, wie gezeigt wurde. Eine Deutung als Familiendenkmal scheidet aus.[23] Geschichtlicher Anlaß war vielmehr der Streit der Naumburger Kirche mit der Zeitzer um den Vorrang, um das Kathedralrecht. Man wird also stets im Auge behalten müssen, daß der Zweck der Stifterfiguren im Westchor ein repräsentativer war. So wie die Kaiserfiguren an anderen Domen die reichsfürstliche Stellung der Bischöfe repräsentierten, oder wie der kaiserliche Reiter auf dem Markte zu Magdeburg ein Wahrzeichen städtischer Freiheit war, so sind die Naumburger Stifter Wahrzeichen der höheren Würde und des größeren Glanzes der Naumburger Kirche gegenüber der Zeitzer."[24] Schlesingers Beweisführung für seine Thesen war so überzeugend, daß sie seit ihrer Veröffentlichung im Jahre 1952 unangefochten herrschten. Niemand nahm die Tatsache zur Kenntnis, daß die Naumburger Stifter, zu deren Gedächtnis die lebensgroßen Statuen im Westchor aufgestellt wurden, nicht als Stifter des von Zeitz nach Naumburg verlegten *Bischofssitzes*, sondern als Stifter der Naumburger *Domkirche* verehrt wurden. Die Statuen repräsentieren also nicht die Stiftung des *Bistums* Naumburg, sondern die Stiftung des Naumburger *Doms*. Stifter eines Bistums konnten die Dargestellten übrigens auch aus rechtlichen Gründen gar nicht werden, weil sie dazu keine Kompetenz besaßen. Bistumsgründungen waren juristisch Sache des Papstes und allenfalls des Kaisers. Markgrafen, Grafen und deren Gemahlinnen hatten dazu kein Recht. Schlesingers Deutungs-These ist tatsächlich weder mit den literarischen Quellen noch mit der historischen Realität vereinbar.

Auf den Überlegungen des Historikers Walter Schlesinger aufbauend und diese mit Argumenten des Kunsthistorikers stützend, hielt Willibald Sauerländer juridische Absichten der Auftraggeber für entscheidend.[25] Er meinte, die „Programme" im Ost- und im Westchor des Naumburger Doms erinnerten zusammen an die Gründung des Bistums Naumburg und an dessen Besitztümer und Privilegien, die Stifterfiguren hätten in erster Linie an die Stiftungen, Privilegien und Schenkungen erinnern sollen, die die Stifter dem Hochstift, also dem Bistum Naumburg gewährt hatten. Die Standbilder hätten *nicht* primär dem Totengedächtnis gedient.

Genau dieses hat dann aber die auch in vielen anderen Fragen fruchtbare Memoria-Forschung der letzten Jahre in den Mittelpunkt der Deutung des Stifterzyklus gestellt.[26] Schon 1937 hatte Walter Stach nachdrücklich darauf hingewiesen, daß die Urkunde Bischof Dietrichs II. von 1249 in erster Linie die Gebetsverbrüderung am Naumburger Hochstift angeht.[27] Die Urkunde fordert zu Spenden für die Vollendung des Dombaus auf und verspricht im Gegenzug, Verstorbene und Lebende, die für den Dombau gespendet haben und künftig spenden werden, in die allgemeine Gebetsbruderschaft und die Teilhabe an den Gebeten aufzunehmen. Letztlich geht es dabei um die Vorsorge für das Jüngste Gericht. Die Fürbitten der hohen Naumburger Geistlichkeit für jedes einzelne Mitglied der Gebetsbruderschaft wurden als die beste Gewähr dafür angesehen, im Jüngsten Gericht glimpflich davon zu kommen. Im Sinne der mittelalterlichen Grundvorstellung *„ich gebe, damit du mir gibst"* gleicht also letztlich das urkundliche Angebot von 1249 Stiftungen für die Vollendung des Dombaus mit Leistungen des Klerus für die armen Seelen der Stifter aus. Falls nun aber zwischen den Angaben in der Urkunde und dem Stifterzyklus im Westchor tatsächlich eine mehr oder weniger direkte inhaltlich-geistige Verbindung besteht, dann sind auch diese Standbilder im unmittelbaren Zusammenhang mit der Totenfürsorge entstanden. Um es zu präzisieren: Der historische Anlaß war die Notwendigkeit, Mittel für die Vollendung des Dom-Neubaus zu beschaffen. Die Baukasse war – wie vermutlich auch alle anderen Kassen des Bischofs und des Domkapitels – leer. In der Urkunde von 1249 verspricht Bischof Dietrich II. von Naumburg allen Spendern für die Vollendung des Naumburger Dombaus Fürsorgegebete, geistlichen Beistand für ihre armen Seelen, und zwar für alle Zeit. Die *„primi fundatores"*, die namentlich genannten Stifter, die zum

großen Teil identisch mit den im Westchor in Standbildern verewigten Persönlichkeiten sind, werden als
die großen Vorbilder für diese Aktion aufgezählt. Und
die Standbilder, die in der Fürsorge-Liturgie eine
nicht geringe Rolle gespielt haben müssen, beweisen, daß im Westchor des Doms ganz besondere Für-
bittegebete und -feiern durchgeführt wurden. Den
geschichtlichen Anlaß, die Aufbesserung der Baukasse, und die zusätzliche sakrale Bestimmung, die
Feier von Fürbitte-Gottesdiensten für verstorbene
und lebende Stifter und Spender, wird und kann man
also zwar durchaus getrennt untersuchen, sie bedin-
gen einander aber unmittelbar. Wenn ein enger
Zusammenhang zwischen den Stifter-Standbildern
und der Urkunde von 1249 besteht, und das scheint
doch der Fall zu sein, dann müssen die Standbilder
auch durch die Urkunde erklärt werden, das heißt:
sie haben die Funktion von Fundatoren-Denkmälern
im ursprünglichem Wortsinn, sie sind als Exempla
gemeint für alle die Spender, die in die Gebetsbruderschaft aufgenommen wurden. Mehr noch: diese
*primi fundatores* sind Teil des Gesamtprogramms des
Chors, dessen Stiftsgeistlichkeit vor allem für ihr und
aller anderen Stifter und Spender Seelenheil tätig war,
wovon noch zu sprechen sein wird. Über die liturgischen Dienste im Westchor ist bisher wenig bekannt. Anhaltspunkte ergeben sich aber bei der
genaueren Betrachtung des Bauwerks.

Sicher dürfte sein, daß man die Hauptstifter bei den
Feiern für die Toten wirklichkeitsnahe unmittelbar
vor Augen haben wollte. Man gedachte ihrer, indem
man sich vor die Standbilder stellte, die Statuen ansah,
sich die Fundatoren vergegenwärtigte. Die Absicht
wirklichkeitsnaher Vergegenwärtigung ist für den
Kunsthistoriker kennzeichnend für die frühe Gotik
allgemein und in Deutschland für das 13. Jahrhundert, insbesondere für dessen zweites und drittes Viertel – wie übrigens dann wieder für das zweite und
dritte Viertel des 14. Jahrhunderts. Nicht nur die
Grabmal-Skulptur bietet dafür zahlreiche Beispiele.
Die Verbindung zum Grabmal dürfte für die Naumburger Stifter-Standbilder aber von weittragender
Bedeutung geworden sein. Die Gräber der *primi fundatores* des Naumburger Doms waren nämlich durch
den Neubau sehr in Mitleidenschaft gezogen worden.

Bei den archäologischen Untersuchungen in den
Jahren 1961–65 konnte nachgewiesen werden, daß
im Verlaufe der spätromanischen und frühgotischen
Bautätigkeit zahlreiche ältere Grabstätten den neuen
Fundamenten weichen mußten, und das betraf auch
die schon erwähnten Gräber der Wettiner Grafen
und Gräfinnen vor dem Ostlettner des Doms. Im
westlichen Teil des Langhauses mußte einer der
Arkadenpfeiler auf eine Bestattung gestellt werden.
Diese wurde deshalb zugunsten des Pfeilerfunda-
ments zur Hälfte ausgeräumt; nur der Kopf und der
Oberkörper blieben unberührt erhalten. Wollte man
Totenmessen am Grabe lesen, dann kam man möglicherweise in einigen Fällen in große Schwierigkeiten, weil die Grabstätten gar nicht mehr vorhanden
waren. Es lag deshalb nahe, Ersatz-Gräber wenigstens
für die bedeutendsten Stifter anzulegen, und wahrscheinlich sind diese einzigartigen Stifter-Standbilder
auch deswegen geschaffen worden, weil man neue
Plätze für die Totenliturgie benötigte, die üblicherweise am Grabe zelebriert wurde. Diese Hypothese
halte ich nach wie vor für die Erklärung der Funktion des Stifterzyklus im Westchor des Naumburger
Doms für wesentlich. Die Statuen hätten dann die
beseitigten Grabstätten vertreten. Diese von mir
schon 1964 publizierte Hypothese trägt gewiß Einiges zur Erklärung der Funktion des Stifterzyklus im
Westchor bei.

Daß an den Statuen tatsächlich liturgische Hand-
lungen vorgenommen wurden, läßt sich belegen.
Zunächst ist in diesem Zusammenhang die Feststellung wichtig, daß der Chor durch den Laufgang in
Höhe der Statuen begehbar gemacht wurde. Innen-
Laufgänge wie der im Westchor des Naumburger
Doms sind gar nicht häufig, und ihre komplizierte
Architektur wurde selbstverständlich nur dann gewählt, wenn das aus praktischen Gründen erforderlich war. Man wollte also an die Standbilder her-
ankommen, um sie in die Liturgie einzubeziehen.
Beiläufig bemerkt: Bei den beiden Standbildern in
der Mitte des quadratischen Chorabschnitts war das
zwar möglich, aber erschwert, weil der Laufgang nicht
bis dorthin durchgeführt wurde. Vielleicht waren diese beiden Statuen aber in der ersten Planung gar nicht
vorgesehen. Eine tief eingreifende Planänderung an

dieser Stelle ist bis ins Detail nachweisbar. Es würde aber viel zu weit führen, hier näher darauf einzugehen.[28] Daß man an den Stifter-Figuren tatsächlich liturgische Handlungen durchführte, beweist eine weitere Beobachtung am Chor selbst: Über jedem Standbild befinden sich drei exakt und tief eingeschlagene, quadratische Dübellöcher – alle so angeordnet, daß das Loch über dem Kopf der Figur etwa 15cm höher sitzt als die beiden seitlichen. Diese Dübellöcher sind jetzt zumeist leer und deshalb fast überall mit bloßem Auge auszumachen. Wo sie nicht ohne weiteres zu sehen sind, wurden sie mit Mörtel ausgefüllt, sie sind aber über jeder Figur nachweisbar. Wofür hat man sie benutzt? Schon der Kunsthistoriker Herbert Küas, der sich um die Naumburg-Forschung große Verdienste erworben hat, äußerte – ohne diese Dübellöcher bemerkt zu haben – die Vermutung, daß man bei den Feiern am Todestage der Stifter das betreffende Standbild verhüllt und dann wieder enthüllt haben könnte. In den erwähnten Dübellöchern waren ursprünglich Haken, und an diesen könnte man, das ist die nächstliegende Hypothese, Vorhänge, Tücher, sogenannte Vela, oder Teppiche aufgehängt haben, um die Statue dann zu dem oder bei dem Gedenkakt feierlich zu ver- und enthüllen. Vielleicht hängte man an den Tagen der Memorienfeiern an diesen Haken auch Reliquiare auf. Daß bei der Memorie außerdem Kerzen benutzt wurden, geht aus den Aufzeichnungen in den Mortuologien ebenso hervor wie die Tatsache, daß die anwesende Geistlichkeit für ihren Dienst entlohnt wurde und die Armen aus Anlaß dieser Feiern Almosen erhielten.

Womit auch immer sie am Todestage behangen, „bekleidet", wurden, es ist nach dem geschilderten Befund der Dübellöcher gar nicht zu bezweifeln, daß man die Standbilder in die Memorienliturgie unmittelbar und sozusagen handgreiflich einbezog.

Nach diesen Bemerkungen zum „geschichtlichen Anlaß" und zur „sakralen Bestimmung" ist nun noch kurz zur „künstlerischen Gestaltung" Stellung zu nehmen. Hier ist einleitend daran zu erinnern, daß die Statuen mit kräftigen Farben und ganz lebenswahr bemalt waren. Sie hatten, wie durch gründliche Untersuchungen nachgewiesen werden konnte, eine

ganz natürliche Gesichtsfarbe. Wimpern und Augenbrauen waren höchst „kunstvoll", Härchen für Härchen, gemalt. Die Gewänder, Kronen, Broschen, Schwerter und Schilde, Kappen, Schuhe usw. waren so bemalt, daß sie dem natürlichen Aussehen täuschend ähnlich sahen, daß man sogar das Material, die Art des Stoffs, aus dem sie angefertigt worden waren, identifizieren konnte. Man erkennt ja, um nur ein Beispiel anzuführen, heute noch, wo welche Art von Pelz gemeint ist. Die Stifter-Persönlichkeiten waren für die im Chor Anwesenden durch ihre Standbilder leibhaftig gegenwärtig, bei den Memorien-Gottesdiensten anwesend. – Daß der Tote auf mittelalterlichen Bildgrabsteinen in aller Regel nicht als Toter, sondern lebendig liegend und zugleich stehend – eine für das Mittelalter charakteristische Ambivalenz – mit offenen Augen auf das Jüngste Gericht wartend dargestellt worden ist, mag hier wenigstens angedeutet werden. Die Nähe dieser Standbilder zu den seit dem 13. Jahrhundert für bedeutende Persönlichkeiten üblicher werdenden Bildgrabmälern ist evident.

Vergleicht man die wenigen erhaltenen Beispiele in Deutschland aus dem späten 12. bis zur Mitte des 13. Jahrhunderts, viel mehr als zwei Dutzend wird man nicht namhaft machen können, dann stellt man bekanntlich nicht nur eine kontinuierliche stilistische Entwicklung vom spätromanischen zum frühgotischen Stil fest, sondern auch eine stetige Zunahme an Wirklichkeitsnähe. Diese Entwicklung der Bildaussage mit Beispielen zu belegen, ist hier nicht der Platz und auch nicht notwendig, handelt es sich doch um eine der Forschung längst allgemein bekannte, manchmal aber vielleicht zu wenig beachtete Gegebenheit, die wieder gründlicher berücksichtigt zu werden verdiente. Die stilistische Entwicklung der Form ist immer eine Folge der geistigen Entwicklung, die der Aussage des Kunstwerks zu Grunde liegt. Die deutsche Frühgotik umfaßt in der Skulptur die Jahrzehnte zwischen 1230 und 1260. Die Anfänge des Stils, das Eindringen in die spätromanische Bild- und Vorstellungswelt, reichen bis in das späte 12. Jahrhundert zurück, und schon um die Mitte des 13. Jahrhunderts läßt sich der Übergang in den hochgotischen Stil beobachten. Die formalen, die formengeschichtlichen

*Der Kopf des Standbilds der Gräfin Gerburg oder Berchta*
*(Seite 117) Das Standbild der Gräfin Gerburg oder Berchta*
*(Seite 121) Die Statue des Grafen Konrad*

119

Veränderungen sind immer wieder dargestellt worden, und auch die Modernisierung der Herstellungstechnik und entscheidende Verbesserungen der Bauökonomie, die die Gotik voraussetzt, wurden nun genauer untersucht.

Noch zu wenig hat sich die kunsthistorische Forschung vielleicht um den gleichzeitigen geistesgeschichtlichen Wandel gekümmert, um die Philosophie der Zeit, um die Literatur, deren Entwicklung die der Kunst eine Generation vorher zu vollziehen scheint, um die Theologie und Liturgie, die sich in der ersten Hälfte des 13. Jahrhunderts ebenfalls signifikant verändern, und vor allem um die Fragen nach dem Individuum, dessen innere Selbständigkeit und äußere Handlungsfreiheit nun plötzlich viel weniger in Frage gestellt wurden als noch bis gegen Ende des 12. Jahrhunderts.

Um auch dafür wenigstens zwei für den kunsthistorisch Interessierten besonders leicht verständliche Beispiele zu nennen, die in Parallele zur stilgeschichtlichen Entwicklung von der Spätromanik zur deutschen Frühgotik einzuordnen sind: Zur Zeit des Übergangs von der Spätromanik zur frühen Gotik, im späten 12. Jahrhundert, kommen nicht nur, wie bereits erwähnt, die Wappenfiguren der Familienwappen nach und nach in den allgemeinen Gebrauch, so daß die Familienzugehörigkeit des Einzelnen von seinem Schilde abgelesen werden kann, sondern auch die Wappensiegel und die Steinmetzzeichen, „Arbeits- und Ehrenzeichen des Steinmetzen, vor dem Versetzen auf dem von ihm behauenen Stein angebracht, um diesen als aus seiner Arbeit hervorgegangen zu kennzeichnen".[29]

Zusammenfassend: Der Versuch einer Darstellung des Individuums lag offenbar spätestens seit dem Beginn des 13. Jahrhunderts nahe, und er wurde in zunehmendem Maße verwirklicht. Aber diese Entwicklung fand schon bald ihre Grenzen. Eine Vollendung konnte im Mittelalter nicht erreicht werden, und der Fortschritt zur Hochgotik ging in eine andere Richtung. Seit der Mitte des 13. Jahrhunderts, auf dem Höhepunkt der damals erreichbaren wirklichkeitsnahen Gestaltung, führte die Entwicklung zu neuer Stilisierung, zur Abkehr von der konkreten Wiedergabe dessen, was man sieht, zu neuer formal und

inhaltlich bedingter Abstraktion – auch wieder auf Grund einer Wandlung der gesamten geistigen Vorstellungswelt. Die deutsche Hochgotik steht bekanntlich im unmittelbaren Zusammenhang mit der nun allgemein verbreiteten und herrschenden christlichen Mystik.

Die Standbilder im Westchor des Naumburger Doms sind stilgeschichtlich der Höhepunkt der im Mittelalter erreichbaren und erreichten Wirklichkeitsnähe, und sie sind in dieser Hinsicht singulär in Europa. Entworfen von einem genialen Bildhauer, geschaffen von ihm selbst und den Mitarbeitern seiner Werkstatt, gehören sie zu den großartigsten Monumental-Skulpturen des europäischen Mittelalters. Die Stifterfiguren im Westchor des Naumburger Doms sind inzwischen formengeschichtlich und stilistisch von zahlreichen Kunsthistorikern und Historikern untersucht, analysiert, interpretiert und beschrieben worden. Die Bemühungen dieser Forscher haben den Blick des Betrachters geschärft – ihn zugleich aber verunsichert, weil die Ergebnisse nach wie vor sehr weitgehend divergieren. Statt eines neuen Versuchs einer Stilanalyse wurden hier einige wenige historisch fundierte Hinweise gegeben. Sie sollen und können die vielen Probleme der Naumburg-Forschung nicht lösen, sondern bestenfalls Gedankenbrücken zu künftigen Forschungen bilden. Abschließend mag es ausnahmsweise erlaubt sein, eine längere Passage zu zitieren. Georg Dehios Charakterisierung von 1930 ist meines Erachtens unübertroffen: „Die Selbstverständlichkeit, mit der die Naumburger Statuen vor uns stehen, kann es übersehen machen, mit welcher staunenswerten Beherrschung hier das Wesensverschiedene zusammengeschlossen ist: Monumentalität, Charakteristik, Dramatik. Die Geschichte der deutschen Plastik hat nur wenige Epochen, in denen sie wahrhaft monumental war. Das Monumentale ist aber am schwersten zu erreichen, wenn es, wie hier in Naumburg, mit dem realistisch Individualisierenden sich vereinigen will. Das erste, als ein der Architektur Verwandtes, fühlt sich zum Abstrakten und Allgemeingültigen hingezogen, das zweite zu Freiheit und Zufälligkeit der Natur. Nur eine ganz große Künstlerschaft vermag zwischen diesen Polen das Gleichgewicht zu finden. Das Architektonische hat

sich wie von selbst in eine höhere Natur verwandelt, und das Natürliche steht da wie Architektur. Forschen wir den Mitteln nach, mit denen der Meister dies erreichte, so erkennen wir als eines der wesentlichsten die Zurückhaltung, die er sich in der Entwicklung des Standmotivs auferlegte. Stand- und Spielbein sind unterschieden, doch unter Vermeidung stärkerer Ausladung; die Arme bleiben nahe am Körper, und öfters sind sie sogar in den Mantel eingewickelt; dieser aber fällt so, daß er für den äußeren Umriß der Statue lotrecht-gerade Linien ergibt, sehr im Gegensatz zu dem von der Gotik immer mehr bevorzugten Zickzackkontur. Alle Belebung mußte also durch die Binnenform bewirkt werden und durch die Achsendrehung des Oberkörpers und die Wendung des Halses. Wie war unter solchen Beschränkungen Mannigfaltigkeit der plastischen Charakteristik zu gewinnen? Das große Mittel hierzu ist das Gewand. ... Der einfache, große Schnitt und die schweren, dicken Wollenstoffe waren durch die Wirklichkeit gegeben; vom Künstler kommt ihre Ordnung: in wenigen, aber ganz gewaltigen Faltenmotiven; man möchte sagen, der Ernst und Geradsinn, der den sittlichen Charakter ihrer Träger ausmacht, sei auf sie übergegangen. Nach der ornamentalen Selbstgenügsamkeit und dem spielerisch-kleinteiligen Allzuviel in der Gewandbehandlung der unmittelbar vorangehenden Generation ist diese Wendung umso bedeutsamer."[30]

## DIE GLASMALEREIEN IN DEN FENSTERN DES WESTCHORS

Die psallierenden, die Messe lesenden Geistlichen, die Stifterstandbilder und die Darstellungen der Glasmalereien in den großen Fenstern müssen und sollten nicht nur im 13. Jahrhundert in einem großen thematischen Zusammenhang gesehen werden. Die Urkunde des Bauherren des Westchors, Bischof Dietrichs II. von Naumburg (1243–72), aus dem Jahre 1249 verspricht allen Gläubigen, den Verstorbenen wie den Lebenden, die für den Dombau gespendet haben, spenden und spenden werden, die Aufnahme in die Gemeinschaft einer allgemeinen Bruderschaft und die Teilhabe an den (Fürbitte-) Gebeten der Geistlichen des Naumburger Doms. Dabei ist auffällig, daß die Aufnahme in diese Gebetsbruderschaft in der Urkunde nicht von einer bestimmten Höhe der Spende abhängig gemacht wird.

Die in dieser an alle Gläubigen gerichteten bischöflichen Verlautbarung versprochenen Gebete wurden höchstwahrscheinlich täglich im Westchor gesprochen, und dessen Geistliche, die Kanoniker des ältesten Naumburger Stifts, des Burgstifts der Ekkehardinger, werden diese Gebete als eine besonders wichtige oder als ihre wichtigste Aufgabe angesehen haben. Dabei hat man die Hauptstifter, die in den lebensgroßen Statuen verewigt sind, vermutlich stets namentlich genannt. Zu ihnen und für sie stiegen gewiß täglich Fürbitten auf, und sie waren als einzige Verstorbene immer „leibhaftig" zugegen.

Ihre Standbilder sind wie Heiligen-Denkmäler aufgestellt. Sie befinden sich, wie gesagt, weit über Augenhöhe aller am Chordienst Beteiligten in einer Region, die eigentlich nur Heiligen zusteht, und zwar in voller Lebensgröße, ausgezeichnet durch ihr körperliches Erscheinungsbild und durch individuell differenzierende, die Hoheit betonende Baldachine. Die Architekturgestalt des Chors hebt die Stifter-Standbilder zusätzlich hervor: Sie haben ihren Platz ziemlich genau in Höhe der Fenstersohlbänke und hinter ihnen breitet sich der in kunstvollen Arkaden geöffnete Laufgang aus – insgesamt eine preziöse, die Gemeinschaft der Stifter zusammenfassende Horizontale, akzentuiert durch denkmalhafte Statuen, die zugleich Teil der die Gewölbe stützenden Dienste sind und damit demonstrativ als Träger und Gründer der Anlage fungieren und zu gelten haben.

*Schema der Glasfenster im Westchor*
*(Seite 122) Südfenster des Westchor-Polygons*

*Nordfenster des Westchors, Detail: der heilige Sebastian*

124

*Südfenster des Westchors, Detail: der heilige Ambrosius*
*(Seite 126) Nordwestfenster des Westchors, Detail: der heilige Thomas*

Dem Stifter-Zyklus ist ein zweiter zugeordnet, der Zyklus der Glasfenster. Er zeigt zwar nicht in plastisch-körperlicher Darstellung, wohl aber in leuchtenden Farben die Gemeinschaft der Heiligen, die triumphierende Kirche. Die ikonographisch bedeutsamste Stelle entzieht sich freilich unserer Kenntnis, gemeint sind die Darstellungen in den drei Sechspässen der Scheitelfenster des Chors über den Bildern der Apostel auf ihren Verfolgern und der Tugenden über den Lastern. Nur die drei mittleren Fenster des Chors weisen in ihren Spitzen verhältnismäßig große Sechspässe auf. Die seitlichen Fenster dagegen sind mit auffällig gedrungenem, kleinteiligem Maßwerk gefüllt, so daß sich dort figürliche Abbildungen schon der Größe der Scheiben wegen verboten. In den erwähnten drei großen Sechspässen der Scheitelfenster waren vermutlich von Anfang an – wie in den langen Fensterbahnen – figürliche Darstellungen vorgesehen, und es kann eigentlich kaum einem Zweifel unterliegen, wer dort abgebildet war: Im Scheitelfenster ist mit dem richtenden Christus zu rechnen und in den beiden flankierenden Fenstern mit den beiden ersten Fürbittern Maria und Johannes. Über den drei Apostelfenstern war also vermutlich eine Deesis, die Hauptgruppe des Jüngsten Gerichts, zu sehen, und der Glasfensterzyklus insgesamt führte eine sogenannte große Deesis vor Augen: die Hauptgruppe erweitert um die Schar der Apostel und der für den Naumburger Dom besonders wichtigen, dem Dom vermutlich mit Altären verbundenen männlichen und weiblichen Heiligen in den beiden seitlichen Fenstern. Auch das Programm der Fenster war und ist also das Weltgericht – freilich ohne die Darstellung von Auferstehenden, von Sündern und Gerechten aller Stände.

Zur heilsbedürftigen Menschheit kann man in diesem Chor nur die verhältnismäßig kleinen Bischofsbüsten in den Medaillons am unteren Ende der Fenster und die Standbilder der Stifter zählen. Diese beiden Gruppen, zehn Bischöfe und zwölf Stifter, sind natürlich unterhalb der Region der Heiligen angeordnet, und sie sind wahrscheinlich alle als Stifter und Wohltäter des Doms gemeint. Bei ihrer Auswahl und Plazierung im Chor ist man, wie könnte es anders sein, mit größtem Bedacht vorgegangen.

Im unteren Bereich der Fenster gehören die Bischöfe noch zur Hierarchie der Kirche oder besser: der Heiligen, die die Fenster vorstellen! In einer Höhe mit den Stiftern sollen diese Naumburger Bischöfe aber zugleich dem Rang der Stifter gleichkommen, zumal die in den Fenstern vor Augen geführten Bischöfe als Bauherren des Domes galten, und zwar als Bauherren (oder Stifter) des frühromanischen *und* des spätromanischen Doms und schließlich des mit der Errichtung des frühgotischen Westchors vollendeten Neubaus des 13. Jahrhunderts insgesamt.

*Nordwestfenster des Westchors, Detail: Spes (Hoffnung)*

## DIE BILDWERKE DES WESTLETTNERS

Die Frage, ob die Reliefs an der Brüstung des sogenannten Westlettners und die lebensgroße Kreuzigungsgruppe in dessen Portal sowie die Kapitelle,
Friese und Schlußsteine dieser kunstvollen Architektur Werke des Meisters der Stifterfiguren, also des
sogenannten Naumburger Meisters, oder eines anderen Bildhauers sind, ist noch immer nicht endgültig
beantwortet. Georg Dehio stellte einleitend fest:
„Wir wenden uns nun zu der vielerörterten, nicht
den Fachmann allein angehenden Frage: war der Meister der Lettnerreliefs derselbe, der die Chorstatuen
schuf? oder waren es zwei gesonderte Persönlichkeiten? Trotz allem, was seither zugunsten der ersten
Annahme gesagt worden ist, neigt der Verfasser noch
immer der zweiten zu. Hier steht Meinung gegen Meinung, zwingend beweisen läßt sich weder die eine

*Kapitelle an der Fassade des Westlettners*

noch die andere."[31] Dehio nahm mit der folgenden,
viel zitierten Formulierung dann dennoch dezidiert
zu diesem Forschungsproblem Stellung: „Der Meister des Lettners war ein unvergleichlicher Dramatiker, er war es von ganzer Seele; die Form blieb ihm
etwas Sekundäres; bei der Charakterisierung seiner
derben, grobköpfigen Gestalten und ihres in wenige, durchschlagende Züge zusammengefaßten See-
lenlebens kommt uns immer wieder das Wort *bäue-
risch* auf die Zunge, weshalb ich ihn bei früherer
Gelegenheit einen genialen Plebejer genannt habe.
Der Meister der Chorstatuen aber schildert seine adli-
gen Männer und Frauen nicht nur in ihrem äußeren
Gehaben, er fühlt selbst aristokratisch. Die Genialität des einen und des anderen liegt in durchaus verschiedenen Sphären. Ich kann mir nicht vorstellen,
daß der Lettnermeister je in seinem Leben (und er
war kein junger Mann mehr) eine Uta, Gerburg, Gepa
hätte schaffen können."[32] Diese Sätze Dehios haben
die Stilanalyse bis in die 90er Jahre zu detaillierter
und weiter ausgreifender Erforschung der stilistischen
Herkunft der Skulpturen des Naumburger Meisters
angeregt. Hier muß darauf verzichtet werden, die
Überlegungen im einzelnen zu referieren. Für uns
steht die Einheitlichkeit des Stils aller dieser Skulpturen außer Frage.

Ikonographisch gehören alle Bildwerke des sogenannten Westlettners und des Westchors zusammen.
Die Reliefs der Passion Christi, die Kreuzigungsgruppe im Portal und selbstverständlich auch die
Malerei im Vierpaß darüber bilden zusammen das
den Eingang in den Westchor beherrschende Thema des Jüngsten Gerichts und des Opfertodes Christi, und dieses wird im Chor fortgeführt in einer
Gesamtdarstellung der triumphierenden Kirche, zu
deren Hierarchie auch die Stifter zählen. Die Ikonographie von Chor und Lettner, Architektur, Skulptur und Malerei, folgt also einem Programm, das,
wenn auch später wahrscheinlich in Details modifiziert, in der Gesamtheit von Anfang an feststand.
Lag es dann aber nicht nahe, die künstlerische Leitung des Gesamtunternehmens ein- und demselben
Meister anzuvertrauen? Die Forschung ist inzwischen, wie es scheint einhellig, der Meinung, der
geniale Naumburger Meister habe nicht nur die Stif-

*Kapitelle an der Fassade des Westlettners*

terfiguren, sondern auch die Architektur von Chor und Lettner entworfen, also die Errichtung des gesamten Bauwerks geleitet. Und diese Feststellung soll nicht auf die Skulptur des Lettners zutreffen!? – Eigentlich ist die Vorstellung, die Naumburger frühgotischen Reliefs und Standbilder seien zwar zu gleicher Zeit entstanden, aber von zwei verschiedenen Bildhauer-Persönlichkeiten geschaffen worden, die die großartigsten Bildwerke des deutschen Mittelalters hervorbrachten, nicht leicht zu akzeptieren, weil diese Konstruktion an sich schon nicht überzeugen kann. Man bedenke auch: Bei dem Entwurf der Stifterstatuen war ihr Schöpfer weitgehend auf die eigene Vorstellung angewiesen, war er der Erfinder, für die Bildwerke des Lettners dagegen konnte er sich an Vorbilder halten. Aber auch hier erweist sich der Meister als genialer „Autor". Alle Skulpturen dieses sogenannten Lettners, dieser reich verzierten „Portalfassade" zeigen dieselbe künstlerische Handschrift. – In den Passionsreliefs werden die wichtigsten Szenen einer Geschichte gewordenen Tragödie, die genau bekannt war, in Erinnerung gerufen. Das Drama wird selbstverständlich nachvollzogen, als habe es sich nicht vor zwölfeinhalb Jahrhunderten, sondern in der Gegenwart, gerade eben erst ereignet. Die Akteure sind gekleidet, wie man sich um die Mitte des 13. Jahrhunderts in Naumburg anzog, sie haben wahrscheinlich sogar Gesichter ähnlich denen damals in Naumburg lebender Menschen. Die Juden tragen die obligatorischen Spitzhüte.

## Dekor der Friese, Kapitelle und Schlusssteine

Auch der pflanzliche Dekor an den Friesen, Kapitellen und Schlußsteinen dieser großartigen Fassade ist porträthaft wirklichkeitsnah gebildet. Alle diese scheinbar „natürlich-lebendigen", exakt identifizierbaren Blätter, Blüten und Früchte wuchsen damals wie heute in und um Naumburg. Die Kapitelle bestehen in der Regel aus jeweils zwei horizontalen Blattkränzen, was zu weitgehend symmetrischer Reihung hätte führen können. Dennoch ist jede typisierende Wiederholung vermieden worden.

Johannes Jahn hat diese Ornamentik detailliert untersucht, präzise analysiert und meisterhaft beschrieben: „Unter den Schmuckformen der Lettnerfront ragen die Kapitelle hervor, die außer den Bildwerken zum bekanntesten gehören, was der Naumburger Dom zu bieten hat. ... Ihre Grundform ist nicht mehr der Kelchblock, sondern der Kelch. Schlank steigt er auf als Fortsetzung der Säule; Blätter, Blüten und Früchte treiben aus ihm heraus in zwei Zonen angeordnet; Schaftring und Deckplatte haben bedeutend an Masse verloren. Die Naturnähe dieses Pflanzenwerks bildet den Höhe- und Endpunkt einer Entwicklung, deren Anfänge in Frankreich liegen. ... Ihre unmittelbare Vergegenwärtigung der pflanzlichen Erscheinung ist einmalig und ohne eine Spur jener Trockenheit, die den französischen Schöpfungen zuweilen anhaftet. Der Hauptunterschied jedoch besteht darin, daß in diesen die Blätter dem Kelch meist nahe bleiben, ihm wohl auch eng anliegen, während sie in Naumburg sich weit vom Kelch gelöst haben und in einem von tiefen Schatten durchsetzten, um den Kelch sich breitenden Raum frei zu wachsen scheinen. Dennoch bleibt dieses Eigenleben in die höhere Ordnung des Architektonischen gebändigt und ist selber wieder von Ordnungsmomenten durchsetzt, die diesen Blättern und Blüten die chaotische Zufälligkeit eines Haufens nehmen und sie zu einem durchgebildeten Ganzen machen. Allgemeinste Ordnungsmomente sind die bei Wandkapitellen einigermaßen selbstverständliche Symmetrie, dann die strenge Scheidung der Frontansicht von den in gleicher Weise organisierten Seitenansichten und schließlich die Zweizonigkeit. ... Diese Naturformen sind also nicht in ihrer natürlichen Zufälligkeit belassen. ... Mit der Bezeichnung *Naturalismus*, die man diesen Kapitellen anheftet, ist es eben nicht getan, denn jede Zeit hat ihren eigenen Naturalismus, und dieser hier führt, wenigstens im Kompositionellen, das aber auch zum Stil gehört, so viel an spätromanischem Erbe mit sich, daß seine Gebilde mit *naturalistischen* Pflanzengebilden der Renaissance oder des 19. Jahrhunderts in keiner Weise verglichen werden können. Betrachtet man das Kapitell übereck, so öffnet sich die Lücke, die bei der Frontansicht oben war, jetzt unten. Von hier aus gesehen läßt sich die Gesamt-

*(oben) Schlußsteine im Portal des Westlettners*
*(unten) Schlußsteine im Gewölbe des Westchors*

131

komposition auch so auffassen, als seien zwei Blatt-zonen oder Blattkränze um einen halben Takt gegen-einander verschoben worden."[33] Die frühgotischen Gesims-Friese, Schlußsteine und Kapitelle des soge-nannten Westlettners gehören künstlerisch und hand-werklich-technisch zum Feinsten, das im Mittelalter geschaffen wurde. Die Genialität des Entwurfs und die Subtilität der handwerklichen Ausführung sind kaum je wieder erreicht worden. Tatsächlich ist der hohe künstlerische Rang dieser Pflanzen-Kunstwer-ke dem bildnerischen Werk des Naumburger Mei-sters – Reliefs, Kreuzigungsgruppe, Stifterfiguren – ebenbürtig. Die stilistische Verwandtschaft aller die-ser Skulpturen ist fraglos. Ein- und derselbe große Meister hat sie entworfen, und zwar wohl alle in einer verhältnismäßig kurzen Zeitspanne – in der zum ersten und im Mittelalter einzigen Male wirklich-keitsnahe, natürlich wirkende Schöpfungen gebraucht und geschaffen wurden.

Die Szenenfolge der Passion beginnt mit dem Reli-ef des Abendmahls. Der Darstellung wurde die Über-lieferung nach dem Evangelium des Matthäus 26, 21–25 und des Johannes 13, 26 zu Grunde gelegt. *Matthäus 26, 21–25: „Und da sie aßen, sprach er: Wahr-lich, ich sage euch: Einer unter euch wird mich verraten. Und sie wurden sehr betrübt und hoben an, ein jeglicher unter ihnen, und sagten zu ihm: Herr, bin ich's? Er ant-wortete und sprach: Der mit der Hand mit mir in die Schüssel tauchte, der wird mich verraten. Des Menschen Sohn geht zwar dahin, wie von ihm geschrieben steht, doch weh dem Menschen, durch welchen des Menschen Sohn verraten wird! Es wäre ihm besser, daß er nie gebo-ren wäre. Da antwortete Judas, der ihn verriet, und sprach: Bin ich's, Rabbi? Er sprach zu ihm: Du sagst es."* *Johannes 13, 21–28: „Da Jesus solches gesagt hatte, ward er betrübt im Geist und zeugte und sprach: „Wahrlich,*

*Kapitellgruppen der Gewölbedienste des Westchors*

*wahrlich ich sage euch: einer unter euch wird mich ver-*
*raten. Da sahen sich die Jünger untereinander an, und*
*ward ihnen bange, von welchem er redete. Es war aber*
*einer unter seinen Jüngern, der zu Tische saß an der Brust*
*Jesu, welchen Jesus liebhatte. Dem winkte Simon Petrus,*
*daß er forschen sollte, wer es wäre, von dem er sagte.*
*Denn derselbe lag an der Brust Jesu, und er sprach zu*
*ihm: Herr, wer ist's? Jesus antwortete: Der ist's, dem ich*
*den Bissen eintauche und gebe. Und er tauchte den Bis-*
*sen ein und gab ihn Judas, Simons Sohn, dem Ischarioth.*
*Und nach dem Bissen fuhr der Satan in ihn. Da sprach*
*Jesus zu ihm: Was du tust, das tue bald! Das aber wuß-*
*te niemand am Tische, wozu er's ihm sagte."*

Es fällt kaum auf, daß der Bildhauer nicht alle zwölf, sondern nur fünf Apostel dargestellt hat. Alle zu zeigen, wäre gewiß auf Kosten der Übersichtlichkeit gegangen und hätte zudem einen kleineren Figuren-Maßstab in allen Reliefs bedingt; denn selbstverständlich sollten die Akteure der Passion in den acht Reliefs in ungefähr gleicher Größe auftreten. Christus nimmt stets die Mitte des Bildwerks ein. Im Abendmahlsrelief scheint sein Gesicht das Wissen um das unabwendbare schwere Leid, das es nun durchzustehen gilt, ebenso zu offenbaren wie das Vertrauen auf den Vater im Himmel. Die seelische Anspannung hat zur Folge, daß die Bewegung von Armen und Händen, geistesabwesend, mechanisch verläuft. Die Rechte reicht dem Verräter den Bissen, die Linke zieht den weiten Ärmel beiseite, um zu verhindern, daß er in die Schüssel tunkt. Ähnlich verhält sich der Apostel Johannes links neben Christus, der zwischen dem gespreizten Mittel- und Zeigefinger seiner rechten Hand sein Gewand hochhält, damit es nicht in eine kleine – von unten nicht sichtbare – Schüssel fällt. Der Hinweis auf die Wiedergabe solcher Detailbeobachtungen macht deutlich, daß es in den Reliefs trotz der religiös-hieratischen Thematik ganz natürlich zugeht. Der erste Eindruck ist tatsächlich der einer derben bäuerischen Mahlzeit. Man nimmt Brot – mit dem danebenliegenden Messer aufgeschnitten – und Fisch, Tunke mit Brocken in einer Schüssel und ein Getränk zu sich. Der Jünger ganz links, Petrus, schiebt soeben einen Bissen in den Mund. Der nächste, Johannes, langt in jene kleine Schüssel. Der Apostel rechts neben Christus, vermutlich Andreas, hat einen großen Becher an den Mund gehoben und trinkt, und der daneben, wohl Jakobus, holt sich gerade einen Fisch aus der Schüssel, die vor ihm auf dem Tische steht, während seine Linke das Tischtuch zur Seite zieht, vielleicht auch, um es nicht zu beschmutzen. Die Tischdecke hat eine wichtige Funktion für die Komposition. Auf dieser, der rechten Seite des Reliefs bildet sie zusammen mit dem Rücken des Apostels die abschließende Grenze der Szene. Und von dort laufen die Falten zur linken Bildseite, wo Judas in halber Rückenansicht sitzt. Er wird nicht nur durch den von Christus gereichten Bissen als der Verräter, als der Böse in der Runde, ausgewiesen, sondern auch durch die gesamte künstlerische Komposition. Sein rechter Arm ist vorgestreckt, um alleine (!) in die Schüssel zu greifen. Das Gewand knittert unruhig, das Tischtuch auf seinen Knien weist mit spitzen Falten auf ihn und er sitzt außerhalb der halbrunden Gruppe. Wenn er aufstünde und ginge, wird dem Betrachter durch diese Komposition insinuiert, dann würden sofort alle störenden Einzelheiten entfallen und die Gemeinschaft der fünf Dargestellten wäre in sich geschlossen, verbunden durch das gemeinsame Mahl. Judas ist mit voller Absicht als Fremdkörper vor den Tisch gesetzt worden. Der Betrachter empfindet: Da sitzt der Verräter, der um eigenen Gewinn aus der Gruppe ausbricht.

Die Reliefs sind auf starke Untersicht angelegt. Wenn man auf gleicher Höhe davor steht, dann hat man Mühe, die Szenen ganz zu erfassen, dann sehen die Einzelheiten verzerrt aus. Von unten dagegen sind die räumlichen Verhältnisse bis ins Detail wirklichkeitsnahe und natürlich wiedergegeben. Dabei ist die Tiefenwirkung ganz erstaunlich. Man bedenke: In keinem dieser Reliefs ist die Distanz vom Fond bis zur vordersten Kante des Bildwerks größer als dreißig Zentimeter. Die unmittelbare Wirkung wurde durch die Bemalung verstärkt, die, ein Kunstwerk für sich, tatsächlich haargenau vergegenwärtigte, wie diese Menschen – um die Mitte des 13. Jahrhunderts – aussahen. Jedes Wimperhärchen war hier gemalt, und das Inkarnat, die Gesichtsfarbe, war ganz natürlich. Sogar die Stoffart der Gewänder ließ sich identifizieren.

In dem nächsten Relief wird der Vollzug des Verrats gezeigt, die Handlung also sinngemäß fortgesetzt – wie in einem Drama. Zu Grunde gelegt wurden wieder die Evangelienberichte. Matthäus 26, 14–16: *Da ging hin der Zwölf einer mit Namen Judas Ischariot zu den Hohenpriestern und sprach: Was wollt ihr mir geben? Ich will ihn euch verraten. Und sie boten ihm dreißig Silberlinge. Und von da an suchte er Gelegenheit, daß er ihn verriete.* Hier wird die Höhe der gebotenen Summe überliefert. Anders Markus 14, 10–11: *Und Judas Ischariot, einer von den Zwölfen, ging hin zu den Hohenpriestern, daß er ihn verriete. Da sie das hörten, wurden sie froh und verhießen, ihm Geld zu geben. Und er suchte, wie er ihn füglich verriete.* Ausführlicher Lukas 22, 1–6: *Es war aber nahe das Fest der süßen Brote, das da Ostern heißt. Und die Hohenpriester und Schriftgelehrten trachteten, wie sie ihn töteten, und fürchteten sich vor dem Volk. Es war aber der Satanas gefahren in den Judas, genannt Ischariot, der da war aus der Zahl der Zwölf. Und er ging hin und redete mit den Hohenpriestern und mit den Hauptleuten, wie er ihn wollte ihnen überantworten. Und sie wurden froh und gelobten, ihm Geld zu geben. Und er versprach es und suchte Gelegenheit, daß er ihn überantwortete ohne Lärmen.*

Die Szene der Auszahlung der dreißig Silberlinge, des Blutgelds, an Judas findet in den Evangelienberichten keine Berücksichtigung. Aber das Bildthema war bekannt. An dem Lettner in Bourges, dessen Reliefs gegen 1260, also etwa zur gleichen Zeit, entstanden,[34] ist in dem ersten Relief des Passionszyklus zwar derselbe Vorgang gemeint, er wurde aber ikonographisch-motivisch ganz anders ins Bild gesetzt. Vergleicht man damit die Wiedergabe am Westlettner des Naumburger Doms, dann wird deutlich, worauf es hier – im Gegensatz zu anderen Bildhauern und Auftraggebern des hohen Mittelalters – ankam: In Bourges stehen die Akteure, Judas und der Hohepriester, aufrecht nebeneinander, in Naumburg sitzt der Geber auf einer Art Thron aus Stein und der Empfänger bückt und beugt sich zu ihm herunter. Die beteiligten Juden tragen in Naumburg ihre Spitzhüte, während in Bourges diese ausdrückliche Kennzeichnung als Juden nicht vorgenommen wurde. Der Naumburger Meister psychologisierte und dramatisierte das Geschehen. Aufgeregte Heimlichkeit herrscht.

Die Außenstehenden flüstern dem Nebenmann ins Ohr, und die Angesprochenen lauschen gespannt. Alle Gesichter zeichnet das schlechte Gewissen und die böse Tat. Während der Hohepriester mechanisch die ehemals golden glänzenden Geldstücke vorzählt und sich dabei auf das Geflüster des Juden links neben ihm konzentriert, hat Judas den Mund – vermutlich seufzend – geöffnet; in demütiger Haltung und mit gequältem Gesicht fängt er die großen Münzen in seinem Mantelbausch auf. Er ist sich des Verrats bewußt und bereut schon, was er tut. Der Fluch und die Qual der bösen Tat sind in sein Gesicht geschrieben. – Heilige werden im Mittelalter barfüßig dargestellt. Alle Juden in diesem Relief haben folgerichtig Schuhe an. Nur der Apostel Judas trägt keine. Er ist ein Apostel, ein Heiliger.

Die künstlerische Komposition ist geschlossen. Faltengeknitter und -gezacke betonen den Mittelpunkt des Geschehens, das Geld des Verrats, die vorzählenden und auszahlenden Hände des Hohenpriesters und die empfangenden des Judas, diese verdeckt vom Bausch des Mantels. Und der linke Unterschenkel des Hohenpriesters führt den Blick noch einmal in den Mittelpunkt der Handlung. Die Rückenkonturen der außen Stehenden rahmen die Szene so ein, daß nichts nach außen dringt. Was hier geschieht, soll geheim bleiben. Auf den äußeren Kreis der Komposition folgt ein innerer, gebildet aus den Oberschenkeln des Judas und des Hohenpriesters und aus beider Oberkörpern. Auf diese Weise wird der Kern der Darstellung noch einmal eingehüllt, das Geldgeschäft verhüllt. Alle Beteiligten sind, jeder in seiner Rolle, aktiv, und die Gesten ergänzen einander. Das Bildwerk gibt nur einen Augenblick in diesem fürchterlichen Geschehen wieder, und doch sind weittragende Folgen deutlich absehbar. Spürt man nicht förmlich das leise Sprechen der Juden und das gequälte Stöhnen des Judas? Hier geschieht etwas, wovon wenig später keiner der Beteiligten mehr etwas wissen will. Die böse Tat ist nicht mehr nur ersonnen; das Schicksal nimmt seinen Lauf. Das sind Menschen, die ausführen, was sie zuvor selbst gewollt, was sie sich selbst aufgeladen haben. Aber schon jetzt möchte keiner von ihnen mehr etwas damit zu tun haben. Sie sind tragisch in

*Das Relief des Abendmahls*
*(Seiten 134/135) Der Westlettner von Osten*

*(Seiten 138-141) Das Abendmahlsrelief, Details*

139

ihrem inneren Konflikt, und zugleich verabscheuungswürdig, weil sie ihr Gewissen mit schwerster Sünde belasteten. Den psychologischen Hintergrund dieser Szene verstünde bereits, wer sich nur die Hände und die Haltungen der Gestalten ansähe; nichts ist entspannt, nichts in natürlicher Ruhe; und der Ausdruck der Gesichter würde erst recht, wären nur sie zu sehen, schon alles besagen.

Auch die Berichte der Evangelien über die Gefangennahme Christi weichen in den Einzelheiten beträchtlich voneinander ab. Auftraggeber und Bildhauer dürften mit allen vieren vertraut gewesen sein. Matthäus 26, 47-53: *Und als er noch redete, siehe, da kam Judas, der Zwölf einer, und mit ihm eine große Schar mit Schwertern und mit Stangen von den Hohenpriestern und Ältesten des Volks. Und der Verräter hatte ihnen ein Zeichen gegeben und gesagt: Welchen ich küssen werde, der ist's; den greifet. Und alsbald trat er zu Jesu und sprach: Gegrüßet seist du, Rabbi! und küßte ihn. Jesus aber sprach zu ihm: Mein Freund, warum bist du gekommen? Da traten sie hinzu und legten die Hände an Jesum und griffen ihn. Und siehe einer aus denen, die mit Jesu waren, reckte die Hand aus und zog sein Schwert und schlug des Hohenpriesters Knecht und hieb ihm ein Ohr ab. Da sprach Jesus zu ihm: Stecke dein Schwert an seinen Ort; denn wer das Schwert nimmt, der soll durchs Schwert umkommen. Oder meinst du, daß ich nicht könnte meinen Vater bitten, daß er mir zuschickte mehr denn zwölf Millionen Engel?*

Markus 14, 43-50 und Lukas 22, 47-54 stimmen inhaltlich weitgehend mit dem Bericht des Matthäus überein. Johannes 18, 2-14: *Judas aber, der ihn verriet, wußte den Ort auch; denn Jesus versammelte sich oft daselbst mit seinen Jüngern. Da nun Judas zu sich hatte genommen die Schar und der Hohenpriester und Pharisäer Diener, kommt er dahin mit Fackeln, Lampen und mit Waffen. Wie nun Jesus wußte alles, was ihm begegnen sollte, ging er hinaus und sprach zu ihnen: Wen suchet ihr? Sie antworteten ihm: Jesum von Nazareth. Jesus spricht zu ihnen: Ich bin's! Judas aber, der ihn verriet, stand auch bei ihnen. Als nun Jesus zu ihnen sprach: Ich bin's! wichen sie zurück und fielen zu Boden. Da fragte er sie abermals: Wen suchet ihr? Sie aber sprachen: Jesum von Nazareth. Jesus antwortete: Ich habe es euch gesagt, daß ich's sei. Suchet ihr denn mich, so lasset diese*

*gehen! (Auf daß das Wort erfüllet würde, welches er sagte: Ich habe der keinen verloren, die du mir gegeben hast.) Da hatte Simon Petrus ein Schwert und zog es aus und schlug nach des Hohenpriesters Knecht und hieb ihm sein rechtes Ohr ab. Und der Knecht hieß Malchus. Da sprach Jesus zu Petrus: Stecke dein Schwert in die Scheide! Soll ich den Kelch nicht trinken, den mir mein Vater gegeben hat? Die Schar aber und der Oberhauptmann und die Diener der Juden nahmen Jesum und banden ihn und führten ihn zuerst zu Hannas; der war des Kaiphas Schwiegervater, welcher des Jahrs Hoherpriester war. Es war aber Kaiphas, der den Juden riet, es wäre gut, daß ein Mensch würde umgebracht für das Volk.*

Der Bildhauer zeigt den in den Evangelien berichteten Vorgang der Gefangennahme so, wie ihn ein Dramatiker erleben und wiedergeben würde: Das Geschehen erzählen, bedeutet zuerst, den Handlungsablauf kunstvoll zu gliedern, die Reihenfolge der Aussagen zu ordnen. Dann aber ist das individuelle Erleben der Beteiligten zu definieren, zu interpretieren und in Szene zu setzen. Und schließlich sind die die Spannung steigernde Disposition und die psychologische Analyse jedes Einzelnen zu synchronisieren. Der Dramatiker verwendet für seine Aussagen Worte, der Bildhauer sein Bildwerk. Er formt nicht nur einzelne Aussagen, sondern ordnet sie in eine Gesamtkomposition ein, die Form und Inhalt verdeutlicht.

Hätte um die Mitte des 13. Jahrhunderts eine Gefangennahme Christi stattgefunden, so etwa müßte sie vor sich gegangen sein. In der Mitte steht Christus, ein Bild der Ruhe und Würde und zugleich teilnahmslos – wie gelähmt. Sein Blick richtet sich in die Ferne. Er, die Hauptperson, wie im Abendmahlsrelief durch einen großen goldenen Heiligenschein ausgezeichnet und herausgehoben, ist an der Handlung am wenigsten beteiligt. Er weiß, was ihm beschieden ist, wird geschehen lassen, was geschehen soll, und den Auftrag erfüllen. Blutvergießen soll vermieden werden. Deshalb versucht er, Petrus zurückzuhalten und schiebt dessen Schwert weg. Dabei sieht er nicht einmal hin. Auch daß einer der „Schar mit Schwertern und mit Stangen" ihn ergreift, nach ihm greift, um ihn wegzuzerren, scheint er nicht einmal wahrzunehmen. Da dieser Jude das in die

*Das Relief der Auszahlung der Silberlinge an Judas*

143

*(Seiten 144, 145) Relief der Auszahlung der Silberlinge an Judas, Details*

145

Scheide gesteckte Schwert geschultert trägt, dürfte in ihm der „Oberhauptmann" zu sehen sein. Judas gibt Christus den Verräterkuß. Aber er ist schon nicht mehr der Verräter seines Herrn. Vielmehr erfüllt sich hier bereits sein eigenes Schicksal. Verrat, Abschiedsschmerz und endgültiger Abschied haben ihn zum Hilfebedürftigen gemacht. Er schmiegt sich fast zärtlich an den schon Gefangenen, als ob er ihn festhalten wollte. Petrus ist nicht gewillt, die Gefangennahme kampflos geschehen zu lassen. Grimmig schlägt er mit dem Schwert, das beide Hände fest umklammern, zu und trennt dem Malchus das Ohr ab. Vielleicht ist er auch deshalb in den Vordergrund gestellt, weil er neben Paulus als der Patron des Naumburger Doms gefeiert wurde. Schon der Zeitzer war ein Peter- und Paulsdom, und selbstverständlich übernahm man das Patrozinium bei der Übertragung des Bischofssitzes nach Naumburg dorthin. Ging damit doch auch der bischöfliche Besitz an den Naumburger Dom über. Im Hintergrund sind drei Köpfe zu sehen, links der eines Juden, der eine brennende Fackel hochhält, und rechts die zweier Apostel. Mit dem fassungslosen Apostel neben Christus ist wohl wieder Johannes gemeint und mit dem sich abwendenden und wohl schon die Flucht ergreifenden vielleicht Andreas. – Die Heiligen, hier der Apostel Petrus und Judas, treten wieder barfüßig auf, die Juden haben Schuhe an.

Die Komposition bedarf eigentlich keiner Erläuterung. Alle Linien gehen in das Zentrum der Szene. Auf den Judaskuß und die Berührung des Herzens des Herrn durch Judas und den Hauptmann, wird zusätzlich hingewiesen durch die Lage des Schwertes und des Oberarms des Malchus. Zwar wird der Blick ins Zentrum gelenkt, zugleich aber werden mit sparsamsten Mitteln sowohl eine Massenszene als auch eine beträchtliche Raumtiefe suggeriert.

Die jeweils nur zweifigurigen Reliefs links und rechts der Schrägen des Portalgiebels bilden zusammen eine Szene: die Verleugnung Petri. Matthäus 26, 31–35, 58 und 69–75: *Da sprach Jesus zu ihnen: In dieser Nacht werdet ihr euch alle ärgern an mir. Denn es steht geschrieben: „Ich werde den Hirten schlagen und die Schafe der Herde werden sich zerstreuen." Wenn ich aber auferstehe, will ich vor euch hingehen nach Galiläa. Petrus aber ant-*

*wortete und sprach zu ihm: Wenn sie auch alle sich an dir ärgerten, so will ich doch mich nimmermehr ärgern. Jesus sprach zu ihm: Wahrlich ich sage dir: In dieser Nacht, ehe der Hahn kräht, wirst du mich dreimal verleugnen. Petrus sprach zu ihm: Und wenn ich mit dir sterben müßte, so will ich dich nicht verleugnen. Desgleichen sagten auch alle Jünger. ... Petrus aber folgte ihm nach von ferne bis in den Palast des Hohenpriesters und ging hinein und setzte sich zu den Knechten, auf daß er sähe, wo es hinaus wollte. ... Petrus aber saß draußen im Hof und es trat zu ihm eine Magd und sprach: Und du warst auch mit dem Jesus aus Galiläa. Er leugnete aber vor ihnen allen und sprach: Ich weiß nicht, was du sagst. Als er aber zur Türe hinausging, sah ihn eine andere und sprach zu denen, die da waren: Dieser war auch mit dem Jesus von Nazareth. Und er leugnete abermals und schwur dazu: Ich kenne den Menschen nicht. Und über eine kleine Weile traten hinzu, die dastanden, und sprachen zu Petrus: Wahrlich, du bist auch einer von denen; denn deine Sprache verrät dich. Da hob er an, sich zu verfluchen und zu schwören: Ich kenne den Menschen nicht. Und alsbald krähte der Hahn. Da dachte Petrus an die Worte Jesu, da er zu ihm sagte: „Ehe der Hahn krähen wird, wirst du mich dreimal verleugnen", und ging hinaus und weinte bitterlich.*

Markus 14, 30, 54 und 66–72: *Und Jesus sprach zu ihm: Wahrlich ich sage dir: Heute, in dieser Nacht, ehe denn der Hahn zweimal kräht, wirst du mich dreimal verleugnen. Er aber redete noch weiter: Ja, wenn ich mit dir auch sterben müßte, wollte ich dich nicht verleugnen. Desgleichen sagten sie alle. ... Petrus aber folgte ihm nach von ferne bis hinein in des Hohenpriesters Palast; und er war da und saß bei den Knechten, und wärmte sich bei dem Lichte. ... Und Petrus war unten im Hof. Da kam eine von des Hohenpriesters Mägden; und da sie sah Petrus sich wärmen, schaute sie ihn an und sprach: Und du warst auch mit Jesus von Nazareth. Er leugnete aber und sprach: Ich kenne ihn nicht, weiß auch nicht, was du sagst. Und er ging hinaus in den Vorhof; und der Hahn krähte. Und die Magd sah ihn und hob abermals an, zu sagen denen, die dabeistanden: Dieser ist deren einer. Und er leugnete abermals. Und nach einer kleinen Weile sprachen abermals zu Petrus, die dabeistanden: Wahrlich du bist deren einer, denn du bis ein Galiläer und deine Sprache lautet gleich also. Er aber fing an, sich zu verfluchen und zu*

*Das Relief der Gefangennahme Christi*

*(Seiten 148, 149) Relief der Gefangennahme Christi, Details*

149

*schwören: Ich kenne den Menschen nicht, von dem ihr sagt. Und der Hahn krähte zum andernmal. Da gedachte Petrus an das Wort, das Jesus zu ihm sagte: Ehe der Hahn zweimal kräht, wirst du mich dreimal verleugnen. Und er hob an, zu weinen.*

Petrus und die Magd sind an der linken Giebelschräge dargestellt. Die Magd zeigt mit dem Finger auf den Apostel, wendet sich aber von ihm ab und der – nicht sichtbaren – Menge zu. Den Mund zum Sprechen geöffnet, hört man sie selbstbewußt und laut versichern: *Und Du warst auch mit dem Jesus von Nazareth.* Ein Anflug von bösem Fanatismus und von Sorge, man könne ihr nicht genug zuhören, liegt in ihrem Gesicht. Nichts an dieser Magd ist edel, sie ist vielmehr von Kopf bis Fuß gewöhnlich: ein rundes, unfreundliches und hartes Gesicht, dessen künftige Verhärmtheit man schon spürt, das Ohr zu groß, kurze Finger an fleischigen Händen, ein plumper Fuß in einem breiten, aber modisch spitzen Schuh. Das rechte, energisch auftretende Bein wird ungraziös vorgesetzt, während die rechte Hand mit charmlosem Griff den Rock lüpft. Auch diese Geste ist bar der Anmut – aber den Damen der Gesellschaft abgeguckt. Im Gegensatz zu der Magd, der man allenfalls Schläue, aber keine Intelligenz zutraut, ist der Apostel vergeistigt und verinnerlicht, zugleich mit seinen Gedanken in sich gekehrt und von der unseligen Berührung, der er sich mit eingewickeltem Arm entwindet, angewidert. Der barfüßige Heilige ist dabei zu fliehen und stemmt seine Füße in den Boden. Aber er kommt nicht weg. Das feine und kluge Gesicht ist gezeichnet von Verzweiflung und Traurigkeit. Die Prophezeiung erfüllt sich. Es gibt kein Entrinnen. Wer nur die Hände des Petrus und der Magd vergleicht, erfährt Persönliches und Charakteristisches: des Apostels Hand berührt den Mantelsaum mit schlanken Fingern in eleganter leichter Berührung, die kräftigen Finger der rechten Hand der Magd packen den Stoff des Mantels, während ihre Linke vorschnellt, um den Entdeckten mit dem vorgestreckten Mittelfinger kräftig und ohne jede Scheu anzutippen.

Läuft der Apostel den beiden Kriegsknechten neben der rechten Giebelschräge in die Arme? Oder haben diese die Worte der Magd gehört, die *sprach zu*

*denen, die da waren*? Die beiden Reliefs neben den Giebelschrägen sind so auf einander bezogen, daß der Betrachter sieht und empfindet: Petrus hat keine Möglichkeit zu entrinnen. Um sich zu retten, wird oder muß er seinen Herrn verleugnen – wie ihm vorherbestimmt war. Die beiden Knechte, Juden mit Spitzhüten, *mit Schwertern und mit Stangen*, haben grobe Gesichter – wie die Magd. Der linke hat sein Schwert gezückt und locker an den Oberarm gelehnt. Die Finger seiner Linken tippen den Nachbarn an, so daß der sich ihm zuwendet und zuhört, was ihm eingeflüstert wird. Ein Vergleich der beiden Reliefs läßt schnell große Unterschiede erkennen, obwohl beider Komposition die benachbarte Giebelschräge berücksichtigt. Das der beiden Kriegsknechte scheint in der Gesamtanlage und in allen Details gröber und simpler zu sein als das des Petrus und der Magd, und seine Oberfläche ist auffallend genarbt, nicht so geglättet wie in allen anderen Reliefs. Um sich den Unterschied im Künstlerischen und Handwerklichen klar zu machen, braucht man nur die auf die Giebelschräge – also auf das freilich nur bei Petrus angedeutete Bodenniveau – gestützten Füße und Unterschenkel zu vergleichen.

Das nächste Relief zeigt wieder eine Massenszene, obwohl nur sieben Personen dargestellt sind: Christi Verurteilung durch Pilatus. Zwei der vier Evangelienberichte sind hier zu zitieren. Lukas 23, 1–25: *Und der ganze Haufe stand auf und sie führten ihn vor Pilatus und fingen an, ihn zu verklagen, und sprachen: Diesen finden wir, daß er das Volk abwendet und verbietet, den Schoß dem Kaiser zu geben, und spricht, er sei Christus, ein König. Pilatus aber fragte ihn und sprach: Bist du der Juden König? Er antwortete ihm und sprach: Du sagst es. Pilatus sprach zu den Hohenpriestern und zum Volk: Ich finde keine Ursache an diesem Menschen. Sie aber hielten an und sprachen: Er hat das Volk erregt damit, daß er gelehrt hat hin und her im ganzen jüdischen Lande und hat in Galiläa angefangen bis hierher. Da aber Pilatus Galiläa hörte, fragte er, ob er aus Galiläa wäre. Und als er vernahm, daß er unter des Herodes Obrigkeit gehörte, übersandte er ihn zu Herodes, welcher in den Tagen auch zu Jerusalem war. Da aber Herodes Jesum sah, ward er sehr froh; denn er hätte ihn längst gerne gesehen – denn er hatte viel von ihm gehört – und*

*Westlettner, Relief der Verleugnung Petri*
*(Seiten 152, 153) Relief der Verleugnung Petri, Ausschnitte*

*Westlettner, Relief mit den zwei Kriegsknechten*

*Das Relief der Verurteilung Christi durch Pilatus*

*(Seiten 156, 157) Relief der Verurteilung Christi, Ausschnitte*

156

hoffte, er würde ein Zeichen von ihm sehen. Und er fragte ihn mancherlei; er antwortete ihm aber nichts. Die Hohenpriester aber und Schriftgelehrten standen und verklagten ihn hart. Aber Herodes mit seinem Hofgesinde verachtete und verspottete ihn, legte ihm ein weißes Kleid an und sandte ihn wieder zu Pilatus. Auf den Tag wurden Pilatus und Herodes Freunde miteinander; denn zuvor waren sie einander Feind. Pilatus aber rief die Hohenpriester und die Obersten und das Volk zusammen und sprach zu ihnen: Ihr habt diesen Menschen zu mir gebracht, als der das Volk abwende, und siehe, ich habe ihn vor euch verhört und finde an dem Menschen der Sachen keine, deren ihr ihn beschuldiget; Herodes auch nicht, denn ich habe euch zu ihm gesandt, und siehe, man hat nichts auf ihn gebracht, das des Todes wert sei. Darum will ich ihn züchtigen und loslassen. (Denn er mußte ihnen einen nach Gewohnheit des Festes losgeben.) Da schrie der ganze Haufe und sprach: Hinweg mit diesem und gib uns Barabbas los (welcher war um eines Aufruhrs, so in der Stadt geschehen war, und um eines Mordes willen ins Gefängnis geworfen). Da rief Pilatus abermals ihnen zu und wollte Jesum loslassen. Sie riefen aber und sprachen: Kreuzige, kreuzige ihn! Er aber sprach zum drittenmal zu ihnen: Was hat denn dieser Übles getan? Ich finde keine Ursache des Todes an ihm; darum will ich ihn züchtigen und loslassen. Aber sie lagen ihm an mit großem Geschrei und forderten, daß er gekreuzigt würde. Und ihr und der Hohenpriester Geschrei nahm überhand. Pilatus aber urteilte, daß ihre Bitte geschähe, und ließ den los, der um Aufruhrs und Mords willen war ins Gefängnis geworfen, um welchen sie baten; aber Jesum übergab er ihrem Willen.

Johannes 18, 29–40: *Da ging Pilatus zu ihnen heraus und sprach: Was bringt ihr für Klage wider diesen Menschen? Sie antworteten und sprachen zu ihm: Wäre dieser nicht ein Übeltäter, wir hätten dir ihn nicht überantwortet. Da sprach Pilatus zu ihnen: So nehmt ihr ihn hin und richtet ihn nach eurem Gesetz. Da sprachen die Juden zu ihm: Wir dürfen niemand töten. (Auf daß erfüllet würde das Wort Jesu, welches er sagte, da er deutete, welches Todes er sterben würde.) Da ging Pilatus wieder hinein ins Richthaus und rief Jesum und sprach zu ihm: Bist du der Juden König? Jesus antwortete: Redest du das von dir selbst, oder haben's dir andere von mir gesagt? Pilatus antwortete: Bin ich ein Jude? Dein Volk und die Hohenpriester haben dich mir überantwortet. Was hast du getan? Jesus antwortete: Mein Reich ist nicht von dieser Welt. Wäre mein Reich von dieser Welt, meine Diener würden kämpfen, daß ich den Juden nicht überantwortet würde; aber nun ist mein Reich nicht von dannen. Da sprach Pilatus zu ihm: So bist du dennoch ein König? Jesus antwortete: Du sagst es, ich bin ein König. Ich bin dazu geboren und in die Welt gekommen, daß ich für die Wahrheit zeugen soll. Wer aus der Wahrheit ist, der höret meine Stimme. Spricht Pilatus zu ihm: Was ist Wahrheit? Und da er das gesagt, ging er wieder hinaus zu den Juden und spricht zu ihnen: Ich finde keine Schuld an ihm. Ihr habt aber eine Gewohnheit, daß ich euch einen auf Ostern losgebe; wollt ihr nun, daß ich euch der Juden König losgebe? Da schrieen sie wieder allesamt und sprachen: Nicht diesen, sondern Barabbas! Barabbas aber war ein Mörder.*

Das Relief zeigt links die Anklage Christi durch drei Juden – zwei von ihnen zu seiner Rechten und einer zu seiner Linken, also zwischen Christus und Pilatus – während rechts Pilatus thront, seinen Spruch fällt und symbolisch seine Hand in Unschuld wäscht: Ein Diener gießt ihm aus der einen Schüssel Wasser über die linke Hand und fängt es mit einer zweiten wieder auf. Im Hintergrund befindet sich ein zweiter Diener. Den Mittelpunkt der Szene bildet die Gruppe des Christus und des Pilatus. Christus wieder mit einem großen goldenen Heiligenschein, ganz ruhig dastehend, den Blick weit in die Ferne gerichtet, nichts Irdisches mehr wahrnehmend, gefaßt und bereit, dem Vater im Himmel zu gehorchen. Was hier auf Erden geschieht und geschehen wird, es scheint ihn in diesem Augenblick schon nicht mehr zu berühren. Sein Leib wird gequält werden, aber sein flehendes Vertrauen und seine Zuversicht im Glauben werden ihm zu tragen helfen, was ertragen werden muß. Christi feine Hände und Arme scheinen gelöst und zugleich willen- und kraftlos zu sein. Vielleicht waren die Hände eben noch zum Gebet zusammengelegt. Jetzt weiß die Linke offenbar nicht, wohin. Sie wird gleich herabfallen, während der rechte Unterarm von einem anklagenden Hohenpriester energisch gepackt und nach unten gedrückt wird. Auf die Beschuldigungen zu antworten, ist unter seiner Würde: *Und da er verklagt ward von den Hohen-*

*Kopf des Christus im Relief der Verurteilung*

*priestern und Ältesten antwortete er nichts.* Die passive Gestalt Christi umgeben eifrige Akteure. Der den Bildraum links begrenzende Jude führt Christus vor und klagt ihn an. Seine Rechte beteuert die Wahrheit der Anklage (Christus) *hat das Volk erregt damit, daß er gelehrt hat hin und her im jüdischen Lande ...* Wie dieser Hohepriester haben die anderen beiden Juden den Mund zum Reden geöffnet. Fanatisch-böse und aufgeregt gibt sich nicht nur der „Hauptankläger", sondern auch sein Nebenmann. Der dritte, der Jude, der zwischen Christus und Pilatus die Grenze zwischen zwei eigentlich nacheinander ablaufenden Szenen markiert, bringt eher Entrüstung denn schlimmen Haß zum Ausdruck. Ganz anders als die Juden verhält sich der Römer. Er ist der einzige, der sitzt. Ihm, dem Statthalter, dem Landpfleger, steht es zu, auf einem Throne Platz zu nehmen. Der Haltung nach ganz und gar Herrscher, will es dazu nicht passen, daß er nicht über der Sache steht. Zwar sitzt er elegant und selbstbewußt da, aber er spricht kein Urteil. Er hält sich bewußt heraus, weil er weiß, daß Christus unschuldig ist: *Ich finde keine Schuld an ihm. Ich habe ihn vor euch verhört und finde an dem Menschen der Sachen keine, deren ihr ihn beschuldiget.* Und dann handelt er wie ein beteiligter Mensch, nicht wie man es von einem urteilenden Richter und Herrscher erwartet: *Da aber Pilatus sah, daß er nichts schaffte, sondern daß ein viel größer Getümmel ward, nahm er Wasser und wusch die Hände vor dem Volk und sprach: Ich bin unschuldig an dem Blut dieses Gerechten, sehet ihr zu!* Sein Gesicht verrät innere Pein und gequälte Anteilnahme. Die Ergriffenheit hat sich auch auf seine Diener übertragen. Alle haben schlimme Ahnungen.

Die Komposition ist auf zwei Einzelszenen ausgerichtet, die jede für sich betrachtet werden sollen, aber durch die Führung der Arme und durch die Figur im Hintergrund zwischen Christus und Pilatus verbunden sind. Die zur Seite gestreckten Arme des römischen Statthalters betonen die Distanzierung des hohen Herrn von dem Geschehen - Zusammengefaßt: Zwei dramatische Höhepunkte sind nebeneinander ins Bild gesetzt und die beteiligten Personen sind - psychologisch unmißverständlich - charakterisiert.

Die beiden folgenden Reliefs, die Geißelung und die Kreuztragung, sind barocke Nachbildungen aus Holz. Ein Naumburger Drechslermeister Johann Jacob Lütticke hat sie im Jahre 1747 binnen 12 Wochen aus Espenholz hergestellt. Die Originale aus der Mitte des 13. Jahrhunderts hatten in dem großen Dombrand des Jahres 1532 schwer gelitten. Durch herabstürzende Trümmer der brennenden Orgel, die als Schwalbennest-Orgel hoch über dem Lettner, über diesen beiden Reliefs an der Nordwand des Mittelschiffs befestigt war, wurden größere und kleinere Stücke aus den Reliefs herausgeschlagen, und in diesem Zustand beließ man sie, bis Meister Lütticke den Auftrag zur Erneuerung erhielt. In dem Kontrakt vom 31. Mai 1747 steht unter anderem: „Es verspricht ermeldter Lütticke die beyden Tafeln am Oel-Berge in hiesiger Dom-Kirche nach dem gefertigten und besiegelten Risse mit denen Bildern, Bogen und Seilen (Säulen) von guten, dürren, reinen Holtze von dato an innerhalb drey Wochen zu verfertigen, die Bilder, so wohl die Bogen und Seilen sauber und untadelhafftig auszuarbeiten, das hierfür erforderliche Holtz auf seine Kosten anzuschaffen und überhaupt ohne weiteres Zuthun die Historia von der Geißelung und Ausführung Christi vollständig herzustellen und in guten Stand zu setzen."[35] Am 24. August 1747 quittierte Lütticke, daß er die vereinbarte Summe von 28 Talern erhalten habe. Er hatte nach den damals noch vorhandenen Resten gearbeitet, diese ersetzt und, wo notwendig, ergänzt. Obwohl schon der erste Blick den Unterschied im ganzen wie im Detail und den weiten Abstand der barocken Ersatzstücke von den frühgotischen Originalen erkennen läßt, sind die Ergänzungen interessant genug, um nicht, wie bisher allgemein üblich, übergangen zu werden. Sie zeigen - was an sich schon wichtig genug ist - welche weiteren Passions-Szenen der Naumburger Bischof und sein Domkapitel für den Bildfries ausgewählt und bei dem Meister in Auftrag gegeben hatten. Aber nicht nur das ikonographische Programm der Lettnerreliefs ist durch diese Ergänzungen vollständig überliefert, auch die Bildkomposition der Geißelung und der Kreuztragung dürfte im wesentlichen der mittelalterlichen Vorlage entsprechen. Der Fachmann erkennt darüber hinaus

*Relief der Verurteilung Christi, Ausschnitt*

*Die Geißelung, Holzrelief von 1747*

*Die Kreuztragung, Holzrelief von 1747*

motivische Details, die nicht aus der Vorstellungswelt des Barock, sondern aus der der Frühgotik stammen. – Über die Geißelung berichtet Matthäus 27, 26: *Da gab er* (Pilatus) *ihnen Barabbas los; aber Jesum ließ er geißeln und überantwortete ihn, daß er gekreuzigt würde.* Daß Jesus selbst sein Kreuz getragen habe, überliefert nur Johannes 19, 17: *Und er trug sein Kreuz und ging hinaus zu der Stätte, die da heißt Schädelstätte, welche heißt auf hebräisch Golgatha.*

## DIE KREUZIGUNGSGRUPPE

Die Erzählung der Passion Christi endet mit der Kreuzigung im Portal: Christus am Kreuz zwischen Maria und Johannes, und über den Kreuzesarmen zwei kleine kniende Engel, die Weihrauchfäßchen schwingen.

Von den anderen – künstlerisch ebenfalls großartigen – mitteldeutsch-sächsischen Triumphkreuzgruppen des 13. Jahrhunderts – im Halberstädter Dom und in der diesem gegenüber errichteten Liebfrauenkirche, ehemals in der Naumburger Moritzkirche, jetzt in Berlin, in Freiberg, Wechselburg, Merseburg und Klosterlausnitz – unterscheidet sich die Gruppe des Naumburger Doms unter anderem durch die singuläre Form des Kreuzes, das T-förmig gestaltet ist. Der senkrechte Stamm reicht also nicht über den Querbalken hinaus. Auch daraus hat man auf die Zugehörigkeit des Naumburger Meisters zur Sekte der Waldenser geschlossen. Dieser Schluß erwies sich aber als unhaltbare Hypothese. Eine andere Beobachtung, die in diesem Zusammenhang gemacht wurde, ist für das Gesamtverständnis viel wichtiger: In diesem Portal wurde zum ersten Male der Gekreuzigte

*Engel mit Weihrauchfäßchen im Portal des Westlettners*
*(rechts) Der Gekreuzigte im Portal des Westlettners*

lebensgroß fast ebenerdig aufgestellt; wer den Chor betritt, muß unter den Armen des Gekreuzigten und unmittelbar neben ihm durch das Portal gehen. Bis dahin waren die Kreuzigungsgruppen generell hoch über dem Lettner oder der Chorschranke angebracht worden. Die Aufstellung im Portal wird auf die Zeitgenossen revolutionär gewirkt haben; denn damit war das Allerheiligste gewissermaßen in die Sphäre der Menschen herabgeholt worden. Und dem entspricht es, wie Christus, Maria und Johannes dargestellt sind: nicht wie Heilige, sondern wie Menschen, die Mitleid erregen. Lukas 23, 46: *Und Jesus rief laut und sprach: Vater! Ich befehle meinen Geist in deine Hände! Und als er das gesagt verschied er.* Johannes 19, 28–30: *Darnach, da Jesus wußte, daß schon alles vollbracht war, daß die Schrift erfüllet würde, spricht er: Mich dürstet! Da stand ein Gefäß voll Essig. Sie aber füllten einen Schwamm mit Essig und legten ihn um einen Isop(-Stab) und hielten es ihm dar zum Munde. Da nun Jesus den Essig genommen hatte, sprach er: Es ist vollbracht! und neigte das Haupt und verschied.* Das Standbild des Gekreuzigten konfrontiert den in den Westchor Eintretenden mit einem bis auf das Äußerste gequälten Menschen im Augenblick des Todes. Der Kopf Christi ist leicht zur Seite gesunken, dorthin, wo die Mutter steht, der Kampf gegen den Tod ist in diesem Augenblick zu Ende gegangen; der Körper verliert die Kraft.[36]

Maria und Johannes erleiden die Verzweiflung tiefster Trauer. Die Mutter verlor den einzigen Sohn, der Jünger den über alles geliebten Meister. Bei beiden ist der Schmerz ins Unerträgliche gesteigert. Die Gesichter sind fast zu Grimassen entstellt. Johannes ringt nach Kraft, um ertragen zu können, was unerträglich ist. Maria greift sich ans Herz. Sie ist völlig ratlos ob der unbegreiflichen Grausamkeit. Fassungslos weist sie in stummer Anklage auf den Gekreuzigten, dessen Haupt sich ihr entgegenneigt. Der Schmerz hat sie überwältigt.

Die Naumburger Kreuzigungsgruppe unterscheidet sich von den anderen genannten mitteldeutschen Triumphkreuzgruppen durch die Psychologisierung aller Beteiligten und durch ihr Pathos. So gesehen bilden diese drei Standbilder einen Höhepunkt im Naumburger Werk des sogenannten Naumburger Meisters. Aber die Hinwendung zum Pathos steigerte sich noch in den Statuen des Doms zu Meißen, die vielleicht hochgotische Spätwerke desselben Naumburger Meisters und seiner Werkstatt sind. In Naumburg begann die Entwicklung von der mitteldeutschen Früh- zur Hochgotik, die in der Monumentalskulptur und in der Bauornamentik schon die sechziger und siebziger Jahre des 13. Jahrhunderts beherrscht.

### DIE ARCHITEKTUR DES WESTLETTNERS

Der sogenannte Westlettner des Naumburger Doms wirkt auf den ersten Blick viel aufwendiger und differenzierter als der schlichtere und zugleich monumentalere Ostlettner. Das Zentrum dieser frühgotischen Architektur ist das einladende große Portal mit der Kreuzigungsgruppe. Sein Giebel überragt die kostbar skulptierte Brüstung. Das Portal ist zwar vergittert, aber so, daß man bequem in den Chor hineinsehen kann. Hier darf und soll der Blick wahrnehmen, was im Chor geschieht. In Parenthese: Ob die beiden Gitter-Türflügel aus dem 13. Jahrhundert stammen oder jünger sind, ist noch immer eine offene Frage. Aber es spricht – auch aus technischen Gründen – mehr dafür, daß sie die ursprünglichen sind, als daß sie erst später hinzugefügt wurden. Abgesehen von dem Portal, das die Architektur des Lettners insgesamt beherrscht, hat man an dieser Fassade zwei Zonen zu unterscheiden, eine vertikal ausgerichtete untere und eine horizontal betonte obere. Die untere Zone gliedern auf jeder Seite vier Kleeblattbogen-Arkaden auf Säulen mit zwei mittig darüber angeordneten Vierpässen, die von gedrückten Spitzbogenarkaden und an der Vorderkante gekehlten Dreiecksgiebeln überfangen sind. Diesen reichen Wanddekor begrenzen unten ein bankartiger Sockel und seitlich starke spätromanische (!) Wandpfeiler. Der gesamte aufwendige Architektur-Dekor ist vor die Lettnermauer vorgeblendet. Nur für die Säulenschäfte verwendete man Sandstein, zumeist roten, alle übrigen Teile bestehen, wie der gesamte Dom, aus Balgstädter beziehungsweise Freyburger Schaum- oder Muschel-Kalkstein. Der Bereich der Brüstung wird durch zwei verschieden gestaltete, sich

*Kopf des Gekreuzigten*

*Die Gottesmutter Maria im Portal des Westlettners, Detail*
*(links) Die Gottesmutter Maria im Portal des Westlettners*

*Der Johannes der Kreuzigungsgruppe, Detail*
*(rechts) Statue des Johannes am Portal des Westlettners*

vorwölbende prächtige Blattfriese gegen die untere Zone abgesetzt. Darüber folgt, weiter vorgezogen, das steinerne Gebälk, auf dem die Passionsreliefs, ebenfalls aus Kalkstein, stehen – ein Fries aus gedrückten Spitzbögen mit eingelegten Dreipässen. Ein Auflager scheint hier zu fehlen. Über den Reliefs ist diese Gliederung in umgekehrter Reihenfolge wiederholt. Hier sind die Spitzbögen – der Baldachine – übergiebelt. Die Giebel besitzen Knäufe und aufgemalte Drei- und Vierpässe. Dahinter und darüber liegen ein abschließender Blattfries und die Deckplatte. Der Vollständigkeit halber sei noch darauf hingewiesen, daß die Relieffelder von Säulchen mit zweigeschossigen turmartigen Aufbauten seitlich begrenzt sind. Diese Säulchen stützen zugleich die äußeren Ecken der jeweils äußeren Baldachine über den Reliefs. Die anderen Baldachine hängen ebenso in der Luft wie die aneinandergereihten gedrückten Spitzbögen mit

Dreipässen unter den Reliefs. Zusammen mit dieser oberen und unteren Rahmung wirkt die Reliefzone – der Dekor der Bühne – sehr hoch.

Die Architektur des Portals verklammert die vertikale und die horizontale Zone, die beide auf das Portal hin angeordnet sind. Auch sind in dem Portalrisalit die konstitutiven Teile der Gesamtfassade vorgebildet oder wiederholt. Man vergleiche nur die Dreipaßblenden unter den Assistenzfiguren des Portals mit den Kleeblattbogen-Blenden vor den seitlichen Lettnerwänden, die Vierpässe darüber mit dem Vierpaß im Portalgiebel, die in der Mitte freihängenden Spitzbögen im Portal mit denen der Baldachine über den Reliefs.

Auffällig und bemerkenswert ist die Tatsache, daß der Lettnergiebel um 80 cm über die Brüstung der Bühne ragt, und zwar genau dort, wo auf dem Ostlettner der Geistliche erschien, um sich an die

*Die Arkaden des Westlettners*
*(rechts) Der Westlettner von Westen*

172

Gemeinde zu wenden. Auf dem Ostlettner ist an dieser Stelle der Platz für den Redner ausgegrenzt. Auf dem Westlettner findet man statt dessen nur einen geringen, wohl durch den Gesamtaufbau und durch den dort vorgesehenen Einbau eines großen Altars bedingten Mauer-Rücksprung. Ein lesender Geistlicher würde hier durch die Giebelspitze verdeckt, könnte vom Schiff aus nicht gesehen werden und selbst nicht über den Giebel hinweg nach unten in das Langhaus blicken.

Wozu hat die Bühne auf dem Westlettner ursprünglich gedient? Für den Gottesdienst im Langhaus wurde sie gewiß nicht benutzt; denn dafür war natürlich der Ostlettner da. Für liturgische Handlungen im Westchor? Vielleicht auch für Responsorien und bei geistlichen Schauspielen? Sicher scheint vorläufig nur zu sein, daß man eine Kanzel – wie auf dem Ostlettner – auf dem Westlettner nicht brauchte.

Alle singulären Einzelheiten der Architektur des Westlettners des Naumburger Doms scheinen den Sinn zu haben, die Eingangsfunktion in den Vordergrund zu stellen. Dieser Lettner wirkt nicht wie alle anderen bekannten Lettner als Schranke, die den Bereich des Klerus im Chor von dem der Laien im Schiff trennt und den Eintritt verwehrt, sondern vielmehr wie eine Portalfassade, die zum Betreten des Chors einlädt.

Reliefs und Standbilder, Kapitelle und Konsolen, Schlußsteine, Friese und Profile sind mit der Architektur des Lettners zu einem Kunstwerk von seltener Geschlossenheit verschmolzen – wie ein lebendiger Organismus. Die Architektur erhält durch die Skulpturen ihren besonderen Sinn, und sie bietet den Bildwerken, die durch die für sie geschaffene Architektur selbst bedeutungsvoller werden, den Lebensraum. Schon der vollendeten Harmonie dieses Werks wegen müssen Bildhauer und Architekt eigentlich identisch sein. Der leitende Baumeister war gewiß zugleich der Schöpfer der Skulpturen. So wirklichkeitsnahe wie alle Skulpturen scheint auch die Architektur gemeint zu sein. Das vorgezogene Portal besitzt so viel räumliche Tiefe, daß es wie das Hauptportal einer Kirche einen eigenen Dachgiebel erhalten konnte. Die zwei Kreuzrippen-Gewölbe über dem Kruzifix und den beiden Assistenzfiguren und die je

zwei Dreipaß-Blenden unter diesen erwecken die Illusion beträchtlicher Tiefenräumlichkeit. Man sollte sich diese Architektur farbig angelegt vorstellen, und zwar so, daß die Raumtiefe betont wird. Dann kann man erkennen, daß sich vor der Mauer und dem Portal eine Vorhalle erstrecken sollte: Die kunstvolle Gliederung der Wände seitlich des Portals ist höchst wahrscheinlich eine Relief-Darstellung von je zwei Vorhallenjochen! Weil für die Vorhalle in dem durch den Ostlettner stark eingeschränkten Langhaus nicht mehr genug Platz zur Verfügung zu stehen schien, applizierte man sie als Reliefbild auf die Mauer. Diese merkwürdig vielschichtige Architektur-Dekoration hat also ihren Sinn.

Der Westlettner versperrt, wie gesagt, nicht den Zutritt und die Sicht in den Chor wie der Ostlettner – und alle anderen bekannten Lettner –, sondern fordert dazu auf, den Westchor zu betreten, oder richtiger formuliert: in die an den Dom westlich angegliederte Stiftskirche hineinzugehen. Der frühgotische Westchor war, wie die Baugeschichte zeigte, nachträglich an das spätromanische Langhaus angefügt worden. Er ersetzte, wie gesagt, eine Stiftskirche, die ursprünglich an seiner Stelle gestanden hatte. Er hatte nicht die Funktion eines Chors zu erfüllen, sondern die einer Stiftskirche. Das Langhaus des Doms bildete eine liturgische Einheit mit dem Ost-, nicht mit dem Westchor.

Der sogenannte Westlettner war also mehr als Portal-Anlage denn als Schranke gedacht. Er sollte den Blick in den Chor, in die Stiftskirche, nicht hindern, sondern eröffnen. Die Architektur des Westlettners des Naumburger Doms ist also eigentlich keine Lettner-Architektur. Vielmehr handelt es sich hier um die Fassade einer Kirche mit Vorhalle.[37]

Vielleicht war die Architektur-Darstellung einer Kirchenfassade mit Vorhalle früher durch die Bemalung unmißverständlich deutlich. Bisher konnte aber noch nicht einmal erwiesen werden, daß die Architektur des Westlettners tatsächlich farbig angelegt war. Die an den Reliefs und Standbildern verwendeten Farben kennt man dagegen nach neueren, leider noch nicht veröffentlichten Untersuchungen recht gut. Gründliche Farbuntersuchungen an allen Teilen unterhalb der Brüstung stehen noch aus.

Den Durchgang durch das Portal überdecken sowohl an der östlichen Seite, der Schauseite, als auch an der westlichen, der Rückseite des Westlettners, je zwei Kreuzrippengewölbe mit nahezu freiplastischen kleinen Schlußsteinen aus feinem Laubwerk. Die Architektur der Rückseite des Lettners ist zwar im ganzen viel schlichter, aber ein ebenso großartiger Entwurf wie die der Vorderseite. Die Konstruktion des Portals ist die gleiche. Dieses hier wird flankiert von Treppentürmchen, deren Spindeln außen dem Polygon folgende, nach oben kürzer werdende Säulen begren-

zen – eine höchst kunstvolle Gestaltung, die der Meister auch schon im Mainzer Dom anwandte. Die Kapitelle sind hier schlichter: nicht zweizonig, sondern einzonig dekorierte Kelchblockkapitelle, und der Schmuck aus vergleichsweise groben Pflanzenbildungen ist nicht selten ähnlich dem der Kapitelle des Laufgangs hinter den Stifterfiguren. Die neben den Treppentürmchen angeordneten, das Dorsale fortsetzenden Arkaden haben wieder zweizonige Kapitelle mit natürlichem Pflanzendekor. Sie waren dort offenbar von Anfang an vorgesehen.

*Die südliche Wendeltreppe zum Westlettner, Detail*
*(Seite 175) Südliche Wendeltreppe des Westlettners*

176

## DER DIAKON

Das lebensgroße Standbild des Diakons diente als Buchpult. Es besteht aus Kalkstein. Der ursprüngliche Aufstellungsort im Dom ist nicht bekannt. Im Jahre 1747 hatte der Diakon seinen Platz mitten im Ostchor, 1773 an dessen Südwand nahe der Piszina.[38] Dann hat die Figur in einem „verschlossenen Nebenraum"[39] und in der Krypta gestanden. Vermutlich noch vor dem Ausbruch des Zweiten Weltkriegs wurde sie in das Mittelschiff an den Pfeiler gegenüber der Kanzel gestellt, und als sie dort vor den vielen Besuchern nicht mehr sicher war, erhielt sie 1987 den normalerweise nicht zugänglichen Standort nördlich neben dem Hochaltar. Hier oder am Altar des Westchors dürfte die Statue ursprünglich gestanden haben.

Der Leipziger Kunsthistoriker August Schmarsow hat das Standbild schon zu Beginn der neunziger Jahre des vergangenen Jahrhunderts stilgeschichtlich analysiert und ausführlich beschrieben: „Unsere photographische Aufnahme wird wohl genügen, die Ansicht, dass auch diese Statue mit den Standbildern des Westchores gleichzeitig, also ein Werk des dreizehnten Jahrhunderts sei, sofort zu widerlegen. So tief durchdrungen von Empfindung, so bis in jede Einzelheit beseelt ist keine Steinarbeit der romanischen Skulptur, und solche Wiedergabe der Natur bei aller Ruhe und Schlichtheit ist dem eigentlichen Mittelalter überhaupt unmöglich gewesen. ... Unter dem Pulte ist keine steinerne Säule oder sonstiges Bravourstück eines mittelalterlichen Steinmetzen, kein balusterartiger Ständer oder sonstiger Nachahmung der Schreinerkunst angebracht; die Platte ruht vielmehr auf dem knorrigen Geäst eines jungen Eichbaums, der aus dem Erdboden aufwächst, und an dessen schlankem Stamm eine Epheuranke emporklettert, um ihre spitz geschnittenen Blätter neben dem rundgezackten Laub der Eiche auszulegen. Meisterhaft ist das vegetabilische Leben in seiner Selbständigkeit erfaßt und der aufstrebenden Kraft des starken die trauliche Anhänglichkeit der Schwachen gesellt. Dieser Epheu, dies Eichenlaub gehen an natürlicher Wahrheit und plastischer Klarheit über Alles hinaus, was der Drang nach Leben und Bewegung beim Uebergang aus der Spätgotik in die Renaissance versucht hat. ... Er scheint mit dem Fuß des Standbeines auf einer Stufe gestanden zu haben, so dass er etwa den Altar zu seiner Linken hatte; denn hier ist unter dem gerade aufstossenden Unterkleid ein Stück des Sockels rechtwinklig ergänzt. Der rechte Fuß dagegen legt sich leise aus und berührt, unter dem Gewande hervorsehend, nur mit dem Ballen der Zehe und mit der Ferse den Boden. ... Diese Statue im Dom zu Naumburg besteht aus demselben Steine, aus dem die Standbilder des Chores und die Wunderwerke romanischer Steinmetzkunst hier wie in Nachbarorten, z. B. Freiburg (sic!) an der Unstrut, gearbeitet sind. Sie ist in natürlichen Farben bemalt wie jene, und muß mit ihrem Lesepult einst in der Nähe des Hochaltars oder höchstens auf der Lettnerbühne gestanden haben."[40] Welche Standbilder Schmarsow „in Nachbarorten, z. B. in Freiburg" meint, bleibt eine offene Frage, und seine Feststellung, der Diakon müsse an der Wende vom fünfzehnten zum 16. Jahrhundert, spätestens 1517 geschaffen worden sein, hat die Forschung längst korrigiert. Diese Datierung verwundert heutzutage besonders, weil der sehr verdiente und zu Recht hochgeachtete Kunsthistoriker zuvor bei der Beschreibung desselben Bildwerks, das er dem Naumburger Meister abspricht, in aller Deutlichkeit zur Sprache gebracht hat, was damals wie heute die Kunst des Naumburger Meisters in allen seinen Werken vor allen anderen Bildhauern seiner Zeit auszeichnet – worin die Einzigartigkeit dieser genialen Schöpfungen des Mittelalters besteht.

Das Gesicht des Standbilds war stark beschädigt. Die Nase und die obere Mundpartie sind vermutlich in den siebziger Jahren des neunzehnten Jahrhunderts in Gips ergänzt worden, und damals dürfte auch die farbige Fassung erneuert worden sein.

Die zutreffende Wirklichkeitsnähe auch eines jeden Details dieses Bildwerks aus der Mitte des dreizehnten Jahrhunderts verwundert – wie bei allen Skulpturen des Naumburger Meisters. Man sollte sich aber vergegenwärtigen, daß das schwere Buchpult von dem lockeren Laub des dünnen Bäumchens nicht wirklich gestützt werden kann und daß die Hände des Diakons zwar die Balance halten aber das Buch samt Pult ebenso wenig tragen wie dieser belaubte

*Das Grabmal Bischof Dietrichs II. im Ostchor von Südosten*
*(rechts) Der Diakon im Ostchor*

Stamm. Man hat in diesem Standbild wahrscheinlich mehr mittelalterliche Realität zu sehen, als man zunächst wahrnimmt: im Mittelalter sah man in dem Bildwerk zwar auch einen Menschen, einen Geistlichen im Ornat des Diakonen, der seinen Platz in der Liturgie einnimmt, indem er das Buch der Bücher auf einem Buchbrett aufgeschlagen darbietet. Zugleich aber nahm man das Buch wahr als die Grundlage des christlichen Glaubens in Gestalt der heiligen Schrift, die sich auf den Baum des Lebens stützt, der Erlösung verheißt. Die großartige Figur des Diakons symbolisiert und repräsentiert dagegen „nur" die ausführende Instanz auf Erden.

Möglicherweise gehört der Diakon zu den ersten Skulpturen der frühgotischen Werke des Meisters in Naumburg. Von dem zuletzt immer deutlicher werdenden Pathos seiner Kunst ist hier jedenfalls noch nichts zu spüren. Hier herrscht noch die Zurückhaltung eines Anfangs, der freilich schon klassische Dimensionen aufweist.

### DAS GRABMAL BISCHOF DIETRICHS II.

Das Bischofsgrabmal auf den Stufen zwischen Ostchor und Sanktuarium besteht aus einem gemauerten rechteckigen Kasten, einem Steinsarg, und der darübergelegten Bild-Grabplatte mit dem lebensgroßen Standbild. Da keine Inschrift Auskunft gibt, konnte man nur vermuten, für wen die Grabstätte errichtet worden ist. Mit der Möglichkeit, daß hier Bischof Dietrich II. von Naumburg (1243–72) seine letzte Ruhe gefunden haben könnte, hat die Forschung schon deshalb nicht gerechnet, weil sie sich ein Begräbnis auf dem Gewölbe einer Krypta – wie dieses also – nur schwer vorstellen konnte. Deshalb wurde angenommen, es handele sich hier nicht um eine Bestattung, sondern vielmehr um ein Scheingrab, das Monument sei also keine Grabkiste, sondern ein Kenotaph. Wen das Gedächtnisgrab, wen dieses Bischofs-Denkmal meinen könnte, war dann schnell beantwortet: An den ersten Naumburger Bischof Hildeward wird hier erinnert, meinte man allgemein. Der Gang der Forschung kann hier, obwohl hochinteressant, nur verkürzt verfolgt werden. Zunächst

wieder August Schmarsow: „Es ist eine breite Gestalt von mächtigem Knochenbau, in schlichter aber kraftvoller Wiedergabe, deren Urheber bei sicherer Kenntnis seiner Mittel wol weiß, was er will, also nicht eigentlich roh genannt werden darf. ... Der Schnitt der dunkelgrünen Casula und der Mitra mit breitem Circulus und nicht eben hohem Titulus, sowie der Besatz des Manipels, der übers linke Handgelenk geschlagen ist, beweisen, dass wir es mit dem entwickelten Ornat des dreizehnten Jahrhunderts zu tun haben. ... Wenn der leitende Meister auch nicht mit eigener Hand die Grabfigur gemeißelt hat, so ist ihr bei aller derben Schlichtheit doch die Großartigkeit nicht abzusprechen, und zu solchem Wurfe bedarf es der geübten Kraft. ... Sonst drängt sich natürlich die Frage auf, ob die derbe Physiognomie des Kirchenfürsten nicht bildnistreu genug gegeben sei, um sie mit Hilfe sonstiger Darstellungen in der Reihe der Naumburger Bischöfe zu ermitteln. In der Tat erscheint unter den Amtssiegeln dieser Zeit die Übereinstimmung, soweit es bei verschiedenen Kunstzweigen und Maßstäben möglich ist, überraschend groß mit dem späteren Bildnis des Bischofs Dietrich II. selber, - und zwar sowol in den Zügen des voll und rund gewordenen Kopfes, der von dem jugendlichen auf einem Siegel aus den Anfängen seiner Regierung überlieferten Bilde, so bezeichnend abweicht, als auch in der Ausstattung mit dem Buch in der Rechten, die sich auf früheren Darstellungen segnend erhebt. Es wäre ja wol eine naheliegende Annahme, dass Bischof Dietrich, der so lange die Bildner in Naumburg beschäftigte, sich nebenher schon bei Lebzeiten das eigene Grabmonument habe fertigen lassen, es sei denn, dass kulturgeschichtlich Bedenken dagegen laut würden. ... Doch ein tatsächlicher Umstand widerspricht dem ohnehin: die Aufstellung des Denkmals an vornehmster Stelle im hohen Chor, dem östlichen Kirchenhaupt, während wir das Grab des Wettiners Dietrich sicher in seiner eigensten Stiftung unter den Standbildern seiner Vorfahren im Westchor erwarten. Drüben aber, grade über der Krypta, zwischen den Osttürmen, ist durchaus kein Platz für ihn; denn diese Stelle wurde, wenn nicht einem älteren Begründer, der nachträglich durch ein Bildwerk des dreizehnten Jahrhunderts verherrlicht sein

könnte, nur Einem gebühren: das ist Bischof Engelhard, der die Erbauung dieses hohen Chores und der ganzen übrigen Kirche bis an die Scheidewand der westlichen Chorkapelle vollendet hatte. Und so müssen wir uns wohl entscheiden, bis ein älterer Anspruch, der ihn verdrängen könnte, nachgewiesen wird. Sein Nachfolger Bischof Dietrich und das dankbare Domkapitel ehrten ihn, wie wir meinen, durch die Aufstellung dieser Tumba, deren Bildnisfigur die Künstler des Westchores, vielleicht mit unwillkürlicher Annäherung an den lebenden Kirchenfürsten, der im höchsten Ornate vor ihnen stand, neben den übrigen Arbeiten in seinem Auftrag geliefert. ... Sonst käme man bei der Aehnlichkeit zu der Annahme, er habe unter dem Namen des längst vergessenen Vorgängers Kadaloh oder Hildeward sich selber abbilden lassen"[41] und läge hier bestattet. Außer Bischof Engelhard (1207-42) können laut Schmarsow also in erster Linie die Bischöfe Kadeloh (1032-45) oder Hildeward (1002-30, erst Bischof von Zeitz, dann, nach Ablauf des Jahres 1028 Bischof von Naumburg) für das Grabmal beziehungsweise für das Gedächtnismal in Anspruch genommen werden.

Ähnlich noch Willibald Sauerländer: „Die Grabplatte ist ohne Inschrift. Zuweilen hat man an den 1242 bis 1272 residierenden Naumburger Bischof Dietrich von Wettin gedacht, der dann lange vor seinem Tode für die effigies auf seinem Grab gesorgt haben müßte. Die Naumburger Lokalüberlieferung vor dem 19. Jahrhundert aber legt eine andere, historisch aussagereichere Identifizierung nahe. Danach hätten wir hier den von 1002 bis 1030 amtierenden Bischof Hildeward vor uns, unter welchem die Verlegung des Bistums von Zeitz nach Naumburg vollzogen wurde. ... Die schwere, untersetzte Gestalt mit dem massigen, charaktervollen Kopf gehört ungeachtet gewisser Roheiten und Unbeholfenheiten der Ausführung in den gleichen Werkstattkreis wie die Skulpturen des Westchores. Die Häufung antikisierender, muldenförmiger Stoffalten an der Kasel spricht dafür, daß es sich hier nicht um eine der spätesten, sondern eher eine der früheren Arbeiten des Ateliers handelt. Stilkritisch weist die Erscheinung der Grabfigur also auf den gleichen Entstehungszusammenhang, dem auch die Statuen der Fundatores im West-chor entstammen."[42]

Drei Fragen sind zu stellen: Handelt es sich bei dem Monument um ein Denkmal oder um die Deckplatte einer Bestattung? Welcher Bischof ist dargestellt beziehungsweise gemeint? Und wann und in welchem Zusammenhang ist das Monument geschaffen worden? Die erste Frage läßt sich eindeutig beantworten. Unter der Bildgrabplatte befindet sich ein Grab und in diesem liegt der einbalsamierte Leichnam eines Bischofs in vollem Ornat. Das Grab wurde im Jahre 1966 geöffnet, oberflächig gereinigt, photographiert und dann wieder geschlossen. Die Publikation des Befundes unterblieb damals, weil befürch-tet wurde, der Leichnam würde entkleidet werden, um die bischöflichen Gewänder in ein Museum zu bringen. Nunmehr wurde beschlossen, das Grab demnächst erneut zu öffnen, gründlicher zu unter-suchen und erneut photographisch zu dokumentie-ren, da die Farbdias von 1966 nicht, beziehungsweise nicht mehr die gewünschte technische Qualität auf-weisen.

Das Grab war, wie es damals schien, vorher noch nicht geöffnet worden, obwohl man offensichtlich mit Erfolg versucht hatte, das untere Drittel der Deck-platte abzuheben. Der Tote ähnelt im Körperbau und in der Körpergröße dem Standbild auf der Deck-platte. Er war im vollen, offenbar sehr gut erhalte-

*Die Grabplatte Bischof Dietrichs II. im Ostchor, Ausschnitt*
*(Seite 183) Deckplatte des Grabmals Bischof Dietrichs II., gest. 1272*

nen Ornat bestattet worden und hatte an seiner linken Seite den Bischofsstab mit einer Eisenspitze. Die sehr schlichte Krümme des Bischofsstabes aus Holz war entleimt. Sie wurde deshalb entnommen und von dem Restaurator Werner Körber in Wittenberg restauriert. Hinweise, welcher Naumburger Bischof hier beigesetzt wurde, ergaben sich bei dieser, wie gesagt absichtlich sehr beschleunigten Untersuchung nicht. Die Frage, welcher Bischof in dem Grabe liegt, läßt sich dennoch eindeutig beantworten. Der spätromanische Raumabschnitt des Ostchors des Naumburger Doms dürfte im zweiten Viertel des 13. Jahrhunderts vollendet worden sein. Damals regierte Bischof Engelhard (1207 bis 1242). Nur er und seine Nachfolger können in der Tumba auf dem Ostchor über dem Gewölbe der Krypta bestattet worden sein; denn vor ihm war der Chor in dieser Form noch nicht erbaut, noch nicht vorhanden, und da die Bestattung in ursprünglicher Lage angetroffen wurde, kann sie nicht von einem anderen Platz transferiert worden sein.

Bischof Engelhard liegt im Südarm des Querhauses vor dem Altar der elftausend Jungfrauen begraben. Seine Bestattung wurde 1687 aufgedeckt. Man fand dabei unter anderem ein Reliquientöpfchen, das mit Bischof Engelhards Siegel verschlossen war, und den Bischofsstab, dessen Krümme entnommen wurde und seitdem im Archiv des Domstifts Naumburg aufbewahrt wird. Bischof Engelhard wurde also nicht auf dem Ostchor, sondern im Südarm des Querhauses zur letzten Ruhe gebettet.

Bischof Dietrich II. von Naumburg (1243–72), der Bauherr des Westchors, dagegen könnte in dem Grabe auf dem Ostchor liegen. Es gibt keine Nachricht, die dagegen sprechen könnte. Seine Nachfolger aber, Meinher (1273–80), Ludolf (1280–85) und Bruno (1285–1304) sind nachweislich alle nicht im Naumburger Dom sondern in Zeitz bestattet worden. Der Stil des Grabmals macht dessen Entstehung im dritten Viertel des 13. Jahrhunderts sehr wahrscheinlich, lange davor beziehungsweise danach kann es nicht geschaffen worden sein.

Das Grabmal birgt also die sterblichen Überreste des Erbauers des Westchors, Bischof Dietrichs II. – und das war eigentlich zu erwarten. Dieser Bischof näm-

lich hat den Neubau des Doms vollendet – wenn man von dem Auf- und Ausbau der gotischen Geschosse der beiden Westtürme absieht. Bekanntlich geschah es im Mittelalter aber häufig, daß die Türme, nicht selten sogar über Jahrhunderte, nicht zum krönenden Abschluß gebracht werden konnten. Dietrich II. hatte in seiner Urkunde vom Jahre 1249 zur „Vollendung des Neubaus" aufgerufen, und tatsächlich hat er dieses Ziel erreicht. Zwar ist keine Weiheurkunde oder -nachricht überliefert, aber spätestens in den 60er Jahren war der Neubau so weit fertiggestellt, daß er geweiht und in allen seinen Teilen genutzt werden konnte. Deshalb durfte sich der Bischof als der Begründer, der Fundator der neuen Kirche feiern lassen, und es stand ihm zu, im Chor seines Doms, vor dem Hochaltar, zwischen dem Chorbereich und dem Sanktuarium bestattet zu werden – wie es dann auch geschehen ist. Das Siegel, das seinem Bilde auf dem Grabmal so ähnlich ist, benutzte er seit 1264. Die Grabplatte wird also um diese Zeit entworfen und hergestellt worden sein. Daß er sein Grabmal, wie auch im Mittelalter schon mehrfach nachweisbar, vorsorglich, also vor seinem Tode, in Auftrag gab, lag hier besonders nahe; denn diese Arbeit wollte er gewiß dem Meister und der Werkstatt anvertrauen, die seit der Mitte des Jahrhunderts für ihn in Naumburg die großartigen Skulpturen für den Westchor und für den Westlettner schufen. Die Werkstatt des Naumburger Meisters und wahrscheinlich auch der Meister selbst zogen vermutlich in den frühen 6oer Jahren zur Dombauhütte nach Meißen weiter, wo der Chor mit den überlebensgroßen Figuren der Patrone und Stifter des Doms im Jahre 1268 bereits benutzbar war. Zusammengefaßt: Die Bildgrabplatte Bischof Dietrichs II. wird vermutlich nicht lange nach 1260 geschaffen worden sein. Sie ist also kein Frühwerk, sondern das zuletzt in Naumburg geschaffene – und alle stilgeschichtlichen Merkmale sprechen tatsächlich für diese Zeit des Übergangs vom mitteldeutsch-frühgotischen Stil in die Welt der Hochgotik, die vergleichsweise größerflächige Falten bevorzugte als die Frühgotik, die die Gestalten erstarren zu lassen, die Gesichter maskenhaft auszubilden begann und insgesamt zu gesteigerter Größe und zu neuem Pathos neigte.

Die Forschung hat sich, wie schon beiläufig ange-
merkt, immer wieder gefragt, wann die frühgotischen Naumburger Skulpturen geschaffen wurden,
in welcher Reihenfolge sie entstanden, ob man an
den Stifter-Figuren einzelne Mitglieder der Werkstatt
identifizieren könnte oder nicht und in wie weit der
leitende Meister an den Skulpturen – Standbilder im
West- und Ostchor, Reliefs und Standbilder am Westlettner und die gesamte Bauornamentik – selbst
nachweisbar oder „nur" als Entwerfender beteiligt
ist.

Die Datierung des Gesamtwerks in Naumburg in das
dritte Viertel des 13. Jahrhunderts dürfte inzwischen
unbestritten sein. Die Urkunde Bischof Dietrichs II.
aus dem Jahre 1249 steht gewiß am Anfang. Spätestens gegen 1250 wurde der Plan zur Errichtung des
Westchors gefaßt und mit der Ausführung begonnen.
Dazu paßt es recht gut, daß die letzte Naumburger
Urkunde, die mit dem spätromanischen Baugeschehen am Dom in Verbindung zu bringen ist, vom
18. Juni 1247 datiert. Noch vor der Mitte des 13. Jahrhunderts war die im spätromanischen Stil arbeitende
Bauhütte offenbar aufgelöst worden, und schon wenig
später wurde die frühgotische Bauhütte eingerichtet,
kam der Naumburger Meister mit seiner Werkstatt
nach Naumburg, rief Bischof Dietrich II. zur Vollendung des Neubaus des Doms auf. Dietrich II. und
sein Domkapitel haben demnach den Plan gefaßt,
die Marienstiftskirche westlich des Doms als Westchor des Doms neu zu errichten. Die Arbeiten begannen, wie gesagt, im Bereich der Stiftskirche, deren
Ostteile anfangs teilweise erhalten bleiben konnten.
Ein Abschlußtermin ist nicht überliefert. Aber im Jahre 1281 stiftete der ständige Vikar des Naumburger
Doms und Kapelan der seligen Johannes und Paul
namens Heinrich eine ständige Vikarie an dem Altar
der heiligen Maria Magdalena, der auf dem Westlettner gestanden haben muß.[43] Damals waren der
Westchor und der Westlettner offenbar schon längere Zeit in Benutzung.

Bei Farbuntersuchungen an den Skulpturen des
Westlettners wurde in dem Kopf des Gekreuzigten
eine Büchse mit Reliquien der heiligen Johannes und
Paul gefunden. Diese Reliquien ließ höchst wahrscheinlich jener Vikar Heinrich, der Kapelan der seligen Johannes und Paul, der die Vikarie für den West-
lettneraltar, also direkt über dem Kruzifixus, stiftete,
in dem Kopfe deponieren. Der Altar hat hinter der
Giebelspitze des Westlettners gestanden. Merkwürdig bleibt freilich, daß die Reliquien nicht in dem
Altar, sondern in dem Kopf des Standbilds unter ihm
ihren Platz fanden. Sollten alle den Westchor betre-
tenden Gläubigen ihrer Hilfe teilhaftig werden?
Im Jahre 1273 wurde bereits eine Stiftung zur Be-
leuchtung der Stufen am Eingang in den Westchor
gemacht. Die dort erwähnte Lampe – „lampas" – hat
gewiß auf der linken Blattkonsole des Lettnerportals
gestanden. Daß damals auch für die Reinigung des
Westchors gesorgt wurde, darf hier zusätzlich erwähnt
werden. Die Naumburger Urkunden erlauben also
eine Datierung des Westchors und des Westlettners
zwischen 1250 und 1270. Nimmt man die Zeitgren-
zen hinzu, die sich aus dem stilistisch verwandten
Baugeschehen der Klosterkirche in Schulpforta und
des Meißener Domchors ergeben, dann muß der Bau-
abschluß in Naumburg noch früher angesetzt werden, spätestens in den frühen 60er Jahren.

In welcher Reihenfolge die frühgotischen Naumburger Skulpturen geschaffen wurden, bleibt nach
wie vor eine offene Frage. Das Gesamtwerk von Chor
und Lettner ist eine architektonische und ikonographische Einheit, so daß man eine gemeinsame und
unveränderte Planung von Anfang an voraussetzen
darf und muß. Demnach wäre es durchaus möglich,
daß die Skulpturen für den Lettner und für den Chor
gleichzeitig in Angriff genommen wurden. Die Bau-
abfolge – naheliegend: Chorpolygon, Chorquadrat,
Lettner – darf also nicht für die Begründung der
Abfolge der Herstellung der Skulpturen herangezogen werden.

Auch die vielfältigen Bemühungen um die Unterscheidung der beteiligten ausführenden Bildhauer
haben nicht zu einem allseits überzeugenden Ergeb-
nis geführt. Sicherlich darf man davon ausgehen, daß
die Entwürfe alle auf den leitenden Meister zurückgehen, daß dieser aber mehrere Helfer neben sich
hatte. Die Oberflächenbehandlung scheint weitge-

hend übereinzustimmen. Lediglich die Oberfläche des Reliefs der beiden Kriegsknechte rechts neben der Giebelschräge des Westlettners ist gröber als alles im Chor und am Lettner Vergleichbare. Auf die Unterscheidung einzelner Bildhauer-Hände wird hier nicht eingegangen, zumal die Forschung dazu bisher nichts wirklich Überzeugendes vorgebracht hat. Die Forschung hat auch versucht, eine Entwicklung im Werk des Meisters selbst in Naumburg zu erkennen. Entwicklungsstufen innerhalb der Relieffolge festzustellen, dürfte kaum möglich sein. Die Reliefs sind hinsichtlich Aufgabe und Form mit den frühgotischen Naumburger Werken der Monumentalskulptur zwar nur bedingt zu vergleichen, man empfindet aber durchaus die gleiche Vorstellungswelt hinter der unterschiedlichen Aussage: es geht um menschliche Wahrheit und Wirklichkeit, erlebte Dramatik und psychologische Exaktheit wie nirgends sonst im Mittelalter, aber die für die Darstellung verwendeten Details und Motive, aus denen sich die einzelnen Figuren zusammensetzen, wiederholen sich viel mehr als man zunächst wahrnimmt.

Wenn man nur die monumentalen Standbilder analysiert, wenn man die Reliefs und die Bauornamentik einmal gedanklich ausklammert, fällt es nicht leichter, früh und spät im Werk des Meisters zu unterscheiden. Das Grabmal im Ostchor dürfte, wie gesagt, zuletzt geschaffen worden sein. Ihm am nächsten verwandt ist gewiß die Kreuzigungsgruppe des Lettners, deren Pathos ja bis an die Grenze des Erträglichen geht. Aber im Aufbau der Gestalten und im kompositionellen Raffinement der Gewandfalten ist kein wesentlicher Unterschied zu den Stifterstatuen im Chor festzustellen – erst recht, wenn man die Aussageabsicht in die Überlegungen einbezieht. – Jede dieser frühgotischen Naumburger Skulpturen ist auf ihre Weise beseelt von dem Menschsein des Mittelalters, von künstlerischer Größe und gezügelter Zurückhaltung. In ihrer klassischen Form, in der künstlerischen Genialität und in ihrer ergreifenden zeitlosen Menschlichkeit sind diese Skulpturen zwar Abbilder von Menschen des 13. Jahrhunderts, deren Gültigkeit aber, obwohl sie vor fast siebeneinhalb Jahrhunderten, also für Menschen einer ganz anderen Zeit und Vorstellungswelt geschaffen wurden,

Bestand hatte – ein seltsames Phänomen, das eine sehr beeindruckende und nicht nachlassende Wirkungsgeschichte bis in die Gegenwart zur Folge hatte und auch in Zukunft haben wird.

## DAS STANDBILD DER HEILIGEN ELISABETH VON THÜRINGEN

In der Elisabethkapelle im Erdgeschoß des Nordwestturms des Naumburger Doms steht südlich vom Altar auf einer Wandkonsole eine unterlebensgroße Frauen-Statue, die, inschriftlich als *+ELIZABEHT* bezeichnet ist. Die Konsole sowie der Baldachin über dem kleinen Standbild, beide offensichtlich zu der Statue gehörig, sind nachweislich nachträglich in die Ostwand der Kapelle eingefügt worden. Der Stil der Skulpturen erinnert sowohl an spätromanische Traditionen als auch an frühgotische Einflüsse, die im zweiten Viertel des 13. Jahrhunderts für die sächsisch-thüringische Monumentalskulptur charakteristisch waren.

Die Frage, welche Elisabeth dargestellt ist, die Mutter Johannes des Täufers oder die Thüringer Landgräfin, läßt sich zweifelsfrei zugunsten der im Jahre 1207 in Preßburg geborenen und am 17. 11. 1231 in Marburg verstorbenen heiligen Elisabeth von Thüringen beantworten.

Die Heilige trägt ein weißes Kleid, eine Art Alba, deren Säume vergoldet waren. Auf dem Kleid sind Applikationen nachweisbar. Der offene Umhang über dem Kleid wird unter dem Hals von einer Brosche zusammengehalten. Den runden Kopf der Heiligen bedeckt streng gescheiteltes, glattes Haar. Darüber liegt ein Kopftuch, das von einem Stirnband gehalten wird. Die Krone besteht aus einem Reifen mit vier Zacken. Die Linke der Landgräfin hat den Umhang ein wenig angehoben und trägt ein senkrecht vor die Brust gestelltes dickes Buch. In der Rechten liegt eine rote Kugel, vielleicht ein Apfel. Der rechte Fuß der Heiligen ist leicht angehoben und zurückgesetzt, während sich der linke zu langsamem Voranschreiten vorgeschoben hat. Die heilige Landgräfin ist also nicht stehend gemeint, sondern hervortretend – um den Armen Almosen zu spenden.

Das runde, voluminöse Gesicht ist herb: eng stehende, große offene Augen, eine gerade Nase, schmale Ober- und vorgeschobene kräftige Unterlippe des kleinen Mundes, ein kurzes vorgewölbtes Kinn. Die auffallend großen und weichen Hände weisen – zusammen mit den kompositionell darauf abgestimmten Gewandfalten – auf die Attribute hin, auf das heilige Buch, aus dem die Frömmigkeit gespeist wird, und auf die Almosenspende. Die Komposition des gesamten Bildwerks ist auf diesen Kern der Darstellung ausgerichtet. Daher erklärt sich wohl auch die Größe der Hände.

Die Betonung der weit geöffneten, runden Augen und der großen Hände, die hoheitsvolle Herbheit im Gesicht und die trotz der sich andeutenden Bewegung beibehaltene strenge Frontalität folgen noch romanischen Bildgewohnheiten, während die schon spürbare verlebendigende Individualisierung des Gesichts und die beginnende, schon Wirklichkeitsnähe suchende Bewegung der Gestalt bereits die neue, die frühgotische Empfindungswelt ahnen lassen.

Die Konsole, auf der die Figur steht, und der Baldachin über ihr zeigen bereits die frühgotische Formenwelt – aber sie sind in dieser Form in Naumburg singulär. Auch im weiteren Umkreis gibt es nichts unmittelbar Vergleichbares. Die fast schon wirklichkeitsnahe und fein ausgebildeten akanthusartigen Blätter, die die quellenden runden Knospen der Konsole – in der Form eines voll ausgebildeten zweizonigen Kelchknospen-Kapitells – bedecken, scheinen in natürlicher Lebendigkeit gewachsen zu sein, gespeist aus den starken Stielen, die von den je fünf am Kapitellkern flach und breit anliegenden Stengeln prall mit Lebenssaft gefüllt zu sein scheinen. Die flach gerundete Untersicht der Konsole ist ebenfalls mit Blattwerk bedeckt.

Der Baldachin ist auffallend schlicht, von außen ein achtseitiges Polygon aus Giebeln, die in kräftigen Knäufen enden. Die unten in gedrückten Spitzbögen geöffneten Giebelwände sind abwechselnd durch runde und vierpaßförmige, flache Blenden gegliedert. Im Inneren des Baldachins befindet sich ein voll ausgebildetes Bandrippengewölbe, dessen Rippen in einem Ringschlußstein zusammenlaufen. Für eine

Datierung in die 30er bis 50er Jahre des 13. Jahrhunderts sprechen auch hier alle Details.

Die Datierung des Standbilds läßt sich mit großer Sicherheit eingrenzen: Die Selig- beziehungsweise Heiligsprechung der Landgräfin Elisabeth von Thüringen geschah 1235. Vor 1235 kann es deshalb kein Bildwerk der Heiligen gegeben haben. Und um die Mitte des 13. Jahrhunderts begann bereits die frühgotische Bauhütte ihre Arbeit am Naumburger Dom, so daß die spätromanische Formenwelt des Naumburger Doms ein plötzliches Ende fand. Das Elisabeth-Standbild kann aber, wenn es denn in Naumburg gehauen wurde, eigentlich nicht *nach* dem Eintreffen der neuen Steinmetzen, die schon frühgotisch ausgebildet waren, sondern muß schon *vorher* von den in Naumburg tätigen Bildhauern spätromanischer Schulung geschaffen worden sein; denn diese Elisabeth-Figur ist noch nicht frühgotisch, sondern noch spätromanisch. Daraus ergibt sich zwangsläufig eine Datierung des Standbilds in die Zeit nach 1236 und vor der Mitte des 13. Jahrhunderts. Die Naumburger Statue der Thüringer Landgräfin ist demnach die älteste bekannte Darstellung der im mittelalterlichen Deutschland am meisten verehrten Heiligen.

Die Figur ist beschädigt, ihre farbige Fassung nur fragmentarisch erhalten. Weißliche Verfärbungen an vielen Stellen der Oberfläche machten eine konservatorische Behandlung unumgänglich. Ein wichtiger Befund war, wie sich dabei zeigte, bisher überhaupt nicht beachtet worden: Im Kopfe der Statue befindet sich ein tief ausgehauenes, verhältnismäßig großes Sepulkrum für eine Reliquie. Auch die Tatsache, daß die Rückseite der Figur eine roh ausgehauene, kanalförmige, tiefe und breite Aushöhlung aufweist – wie eine Schnitzfigur! – wurde bisher nirgends vermerkt. Die wenigen Urkunden, in denen die Elisabethkapelle des Naumburger Doms erwähnt wird, sind schnell aufgezählt: sie begegnet zuerst in Urkunden aus den Jahren 1315 und 1317, nach denen ihr *rector*, ein Vikar Ludewicus, mehrere Äcker bei der Stadt Naumburg am Fuße des Spechsart kaufte, die Bischof Ulrich dann der Kapelle zueignete. Wichtiger ist eine Nachricht, die das Mortuologium unterm 2. Mai bringt: „An diesem Tage richtete der Dechant Ulrich

von Ostrau (1308–1333) das Fest der Ankunft der Reliquien der seligen Elisabeth ein und man (d. h. die Geistlichkeit) geht vom Chor (Ostchor) mit feierlicher Prozession herab zur Kapelle der heil. Elisabeth, weswegen er (Ulrich von Ostrau) anordnete, daß jedem anwesenden Domherrn 6 und jedem Ekklesiasten 4 Denare gegeben werden."[44] Der Termin für die Prozession, der 2. Mai, ist mit Bedacht gewählt worden; denn am 1. Mai 1236 hatte Kaiser Friedrich II. in der dem heiligen Franziskus geweihten Wallfahrtskirche in Marburg die Gebeine der Heiligen feierlich erhoben.

Die Verankerung von Baldachin und Konsole in der Wand *neben* dem Altar, so daß die Figur vor der Wand steht, dürfte im 2. Viertel des 13. Jahrhunderts im mittleren Deutschland ebenso selten nachweisbar sein wie die Tatsache, daß hier der Altar-Patron neben seinem Altar im Bilde gezeigt wird. Die Monumentalplastik war hierzulande auch in der 2. Hälfte des 13. Jahrhunderts noch baugebunden und von wenigen Ausnahmen abgesehen auf Portale und Lettner beschränkt. War das kleine Standbild ursprünglich für eine andere Stelle des Doms im Auftrag gegeben worden? Vielleicht befand sich die Skulptur früher am Ostlettner oder am Ostchor und wurde erst im zweiten Jahrzehnt des 14. Jahrhunderts vor der Kapellenwand aufgestellt, als der Dechant Ulrich von Ostrau eine Elisabeth-Prozession einführte? Aber das sind Fragen, die sich nicht mehr beantworten lassen.

Der hohe Geistliche war offenbar ein sehr gebildeter und zugleich ein vermögender Mann. Im Jahre 1326 stiftete er zwei Wandbehänge für die Krypta des Naumburger Doms, die zwar beschrieben werden, aber leider nicht erhalten sind, 1333 wird der von ihm neu gestiftete Marien-Dorotheen-Altar im Langhaus des Doms erwähnt, und eine nicht mehr vorhandene Inschrift in einem Fenster des Ostchors wies ihn als Stifter eines der großen Bild-Glasfenster aus. Zu Ulrichs von Ostrau Zeit als Dechant (1308–33) wurde auch der Ostchor des Naumburger Doms verlängert. Damals erhielt der spätromanische Chor den hochgotischen Abschluß. Die von dem Dechanten gestiftete feierliche Prozession nahm ihren Anfang im neu errichteten Ostchor – vermutlich am Hauptal-

tar des Doms – und endete in der Elisabethkapelle. Da das Standbild aber schon im 2. Viertel des 13. Jahrhunderts geschaffen wurde, muß ein Elisabeth-Kult *damals* bereits im Naumburger Dom eingeführt worden sein – vermutlich bald nach der Ankunft der Reliquienpartikel, die unmittelbar nach der Erhebung der Gebeine der Heiligen am 1. Mai 1236 in Marburg entnommen, offenbar schon am 2. Mai in Naumburg eintrafen. Wahrscheinlich transferierte man sie zunächst in den damals neu errichteten spätromanischen Ostchor des Doms und deponierte sie auf und dann in dem neuen Hochaltar. Dieser *spätromanische* Hochaltar des Naumburger Doms wurde dann um 1330 in die hochgotische Chorverlängerung des Doms übertragen und steht seitdem dort. Ein neuer, hochgotischer Hochaltar wurde nicht errichtet.

Vielleicht erklären diese Feststellungen der Herkunft aus dem Ostchor – möglicherweise im Zusammenhang mit einem dort um 1235 nachträglich errichteten Nebenaltar? – auch die Postierung der Statue *neben* dem Altar der Elisabeth-Kapelle, die dann erst als eine zwangsläufige Folge der Translation der Figur *und* der Reliquien vom Ostchor in die Kapelle des Nordwestturms anzusehen wäre – in die untere Kapelle des Nordwestturms, wo die Heiligenfigur schließlich den im frühen 14. Jahrhundert ikonographisch und liturgisch wohl nächstliegenden Platz erhielt und als Wandfigur aufgestellt wurde.

Das künstlerisch, kunsthistorisch und historisch bedeutende Bildwerk wurde in den Publikationen, die 750 Jahre nach dem Tode der Heiligen (1981 und danach) erschienen, nur einmal anmerkungsweise erwähnt, und die Tatsache, daß im Naumburger Dom im Mittelalter Reliquien der heiligen Landgräfin Elisabeth von Thüringen verwahrt wurden, ist der Forschung bisher entgangen.


## DAS RETABEL DES FELIX- UND ADAUCTUS-ALTARS

Jetzt auf dem Hochaltar im Ostchor, stand dieses 74 x 158 cm große Retabel aus Kalkstein ursprünglich auf einem nicht mehr erhaltenen Altar der Gottesmutter Maria, Johannes des Evangelisten sowie der Heiligen Katharina und Agnes, Felix und Adauctus im nördlichen Seitenschiff. Die erste Erwähnung des Altars – in einer Urkunde vom 14. Februar 1408 – nimmt Bezug auf Liegenschaften, die dem Altar bereits übertragen waren, er hat damals also schon längere Zeit bestanden.

Das Retabel, das wahrscheinlich etwa gleichzeitig mit der Stiftung des Altars oder nicht lange danach beschafft wurde, ist, seinem Stil nach vierzig bis fünfzig Jahre älter als die erwähnte Urkunde, gewiß im dritten Viertel des 14. Jahrhunderts geschaffen worden. Es zeigt im Zentrum den Gekreuzigten zwischen Maria und Johannes, und außen links die heilige Katharina mit Rad und Schwert und rechts die heilige Agnes mit dem Lamm. Die Figürchen stehen in hoheitsvoll dekorierten spitzbogigen Blendarkaden mit reichem vegetabilischem Krabben-Besatz und Maßwerk-Füllungen sowie hohen Fialen auf den Stützen. Die Fensterchen über den Blendarkaden machen deutlich, daß diese als Räume zu denken sind, in denen sich die Heiligen aufhalten.

Die stilistische Einordnung dieser Architekturglieder und der fünf Statuetten in die Zeit nach der Mitte des 14. Jahrhunderts, dessen zweite Hälfte bekanntlich durch die Kunst der Parler entscheidend geprägt wurde, überzeugt. Die Feinheit im Detail, die Anmut der Gestalten in der schwingenden Bewegung und die schon erstrebte Wirklichkeitsnähe von Kopf, Gesicht und Kleidung, aber auch die ins Bürgerliche zielende Gesamthaltung erinnern den Betrachter an stilgeschichtlich verwandte Skulpturen in der Severikirche in Erfurt und im Halberstädter und Magdeburger Dom, die sämtlich in die frühen 60er Jahre datiert sind.

Das Relief ist mehrfach beschädigt worden. Die erhaltenen Reste der originalen Fassung wurden in den sechziger Jahren gereinigt, gefestigt und vorsichtig ergänzt. Die sehr beachtliche künstlerische Qualität erschließt sich genauerer Betrachtung auch in dem farblich rudimentären Zustand.

## DAS RETABEL DER DREIKÖNIGSKAPELLE

Für die von ihm als Bauherrn errichtete spätgotische Dreikönigskapelle südlich neben dem Naumburger Dom besorgte Bischof Gerhard von Goch (1409–22)

*Das Retabel des Felix- und Adauctus-Altars, jetzt auf dem Hochaltar im Ostchor*
*(Seite 187) Statue der heiligen Elisabeth von Thüringen an der Ostwand der Elisabethkapelle*

189

ein Triptychon mit der Darstellung der Heiligen Drei Könige – ein Kunstwerk aus dem frühen 15. Jahrhundert und von höchstem künstlerischem Rang. Das Mittelbild ist ohne Rahmen 113 x 109 cm groß, also fast quadratisch. Den Vordergrund beherrscht in überwiegend goldenen und hellen, leuchtenden Farbtönen die auf der rechten Seite auf weißen Kissen thronende Maria mit dem Kinde. Der älteste der drei Könige ist davor niedergekniet und bietet sein Geschenk dar, ein Kästchen mit Goldstücken. Links schließen sich die beiden anderen Könige an. Der eine steht wartend, der andere ist eben vom Pferd gestiegen. Neben dieser Hauptszene, die mehr als das untere Drittel der Tafel füllt, treten die anderen Bildelemente und Inhalte zurück. Ein breiter Streifen eines kunstvoll punzierten Goldgrunds, auf dem die darunter befindlichen Bildmotive ihre Fortsetzung finden – grenzt das Bild oben ab, eine Blumenwiese unten. Flecken dunklen Waldes sind eingestreut. Die drei Züge der heranreitenden drei Könige, zwei kommen von Burgen in den oberen Bildecken und

einer kaum sichtbar aus dem Goldgrund, vereinigen sich, um im großen Bogen um eine Stadt herum die weitere Wegstrecke zurückzulegen. Dieses Grundschema der Darstellung war durch die Ikonographie vorgegeben.

Bezeichnend für den Stil des frühen 14. Jahrhunderts sind die zahlreichen Genreszenen, die Biblisches und Profanes zum Inhalt haben. Hier müssen Andeutungen genügen: Unterhalb der rechten Burg überreicht ein heranschwebender Engel einem alten Hirten mit weißem Bart, gelbem Schlapphut und dunklem Wams – neben ihm seine Schafherde und sein aufgeregt aufspringender Hund – ein Spruchband: die Verkündigung an die Hirten. Unter der linken Burg fand eine kleine Wassermühle Platz, vor der einem störrischen, mit einem Sack beladenen Esel Stockhiebe angedroht werden. Dieser scheint zwar mit spitzen Ohren zuzuhören, will aber offensichtlich nicht parieren.

Die Mitte des Bildes nimmt eine von neun Häusern umgebene Platzecke ein, die Darstellung einer Stadt

*Der Dreikönigsaltar*
*(rechts) Mittelbild des Dreikönigsaltars, Ausschnitt: Anbetungsgruppe und Marktszene*

190

also. Betlehem? Die Häuser, bewehrt mit einer starken, zinnenbekrönten Ringmauer, haben steile Ziegeldächer und sind z. T. in Fachwerkbau errichtet. Hinter dem obersten ist ein Turm der Stadtmauer sichtbar, dessen Nadelspitze fast bis an den oberen Bildrahmen reicht und in einer weißen Kreuzblume endet. In der Tür des Hauses davor steht jemand und betrachtet das Geschehen auf dem Platz. Auch hinter dem Fenster des Hauses links daneben steht ein Zuschauer. Auf dem Platz hat ein Mann einen Verkaufstisch, vermutlich eine Fleischbank, aufgestellt. Darunter erkennt man u. a. einen Krug. Zwei Damen interessieren sich für das Angebot. Zwei andere, aufgeputzt und im intimen Gespräch miteinander, kommen von links heran. Die eine trägt eine goldene Tasche. Eilends schafft ihnen ein Junge oder ein Mann einen Stuhl herbei - was wiederum den Hund der Damen in Aufregung versetzt hat, so daß er aggressiv heranspringt. In gebührendem Abstand beobachtet ein junger Mann die Schönen. Die linke Burg ist ein mächtiger, steiler Rundbau mit vorgelagertem zinnenbewehrtem Zwinger, die rechte wurde dagegen - der Komposition wegen - viel weitläufiger gemalt, aber auch bei ihr werden monumentale Rundmauern bevorzugt.

Die Figuren der Hauptszene - Maria mit dem Kinde, Josef und die drei Könige - sind viel größer als alle anderen und haben große goldene Heiligenscheine. Maria, deren Nimbus besonders verziert ist, sitzt in reichen, kostbaren Gewändern, eine Krone auf dem Haupt, auf einer Lagerstatt aus weißen Kissen. In der Linken hat sie eine Blume, die Rechte hält das Kind. Dieses greift lebhaft in das Kästchen mit dem Golde, das der niedergekniete älteste König demutsvoll entbietet. Er hat seine Krone abgesetzt und neben sich ins Gras gelegt; der ausgezogene Mantel hängt über seinem Arm. Der zweite König hat die Krone noch nicht abgenommen und schickt sich erst an, den Mantel abzulegen. In der Linken hält er seine Gabe, ein hohes goldenes Weihrauch-Gefäß. Der dritte, wie der zweite viel jünger als der erste, scheint eben erst angekommen zu sein. Ein Page, wohl aus Gründen der Bedeutungsperspektive nur etwa halb so groß wie der König, löst ihm die Sporen. Dieser König hat seinen Mantel noch überge-

worfen und hält in der Rechten das hornförmige Goldgefäß für die Myrrhe. Hinter ihm steht sein Schimmel, dem ein Knappe in das Zaumzeug greift. Rechts neben Maria sitzt Josef, weißhaarig und mit üppigem Vollbart, in ein dunkles Gewand gehüllt und eine rote Mütze auf dem Kopf. Vor ihm steht ein gedeckter Tisch mit Teller, Messer und einem goldenen Gefäß. Er wollte eben den Löffel zum Munde führen, hält aber in der Bewegung inne. Der ausgestreckte Zeigefinger seiner Rechten liegt staunend an der Stirn. Im Hintergrund des strohgedeckten Stalles stehen Ochs und Esel. Dieser ist mit den Vorderbeinen in die Krippe gestiegen, reckt seinen Kopf weit nach oben und schreit, während der Ochse sein Maul tief in die Krippe hängt. Das Dach des Stalles besteht aus zwei rechtwinklig zueinander stehenden Firsten. An der Giebelseite ist der Dachraum offen. Durch das verfallende Dach leuchtet der große Stern, der den Weg wies.

Die Flügel des Altars waren außen und innen bemalt. Die Malereien auf den ungerahmten Außenseiten lassen noch erkennen, daß dort die Verkündigung Mariae dargestellt war. Die besser erhaltenen Malereien der Innenseiten der Flügel - ohne die Rahmung 118,5 x 44,5 cm - sind einander im Aufbau ganz ähnlich: Die rechteckigen Bildfelder werden jeweils von zwei stehenden Aposteln mit goldenen Heiligenscheinen eingenommen, über denen ein Prophet in den Wolken schwebt. Die Apostel stehen auf einer Blumenwiese, die als breite Horizontale den unteren Teil des Bildfeldes abgrenzt. Dort knien, wiederum auf einer Blumenwiese, je zwei Donatoren mit ihren Wappenschilden, blicken aufwärts zum Mittelbild und beten. Inschriften und Attribute erläutern die Darstellungen. Auf dem linken Flügel sind von oben nach unten der Prophet Jesaia, die Apostel Petrus und Paulus und die Stifter Bischof Gerhard II. von Goch und sein Bruder Dietrich von Goch gemeint, auf dem rechten vielleicht der Prophet Jeremia, dann aber die Apostel Jakobus minor und Philippus sowie als Stifter Lambert von Goch, ein weiterer Bruder des Naumburger Bischofs, und ein Markus Beckemuschel.

Trotz einiger Unterschiede der Darstellungen auf dem Mittelbilde einerseits und auf den Flügeln anderer-

DU GIEBST MIR DEN SCHILD DEINES HEILS·UND DEINE RECHTE
STÄRKT MICH·UND WENN DU MICH DEMÜTIGST·MACHST DU MICH GROSS
PSALM · LXVIII · VERS · 36

*Das Retabel von Georg Lemberger auf dem Johannesaltar im Nordarm des Querhauses*

seits ist die Entstehung aller drei Tafeln in ein- und derselben Werkstatt nicht zu bezweifeln. Fraglich ist aber noch immer die Datierung des Triptychons und seine Herkunft. Da Gerhard von Goch auf dem linken Flügel im bischöflichen Ornat abgebildet ist, kann das Retabel eigentlich nicht vor seinem Amtsantritt im Jahre 1409 geschaffen worden sein, und da seine Dreikönigskapelle, für die der Altaraufsatz, wie bereits gesagt, gewiß von Anfang an bestimmt war, im Jahre 1416 schon bestand, liegt es sehr nahe, auch die Entstehungszeit des Retabels in der Mitte des 2. Jahrzehnts des 15. Jahrhunderts anzusetzen. Das großartige Triptychon dürfte also zwischen 1409 und 1416, spätestens kurz vor dem Tode Bischof Gerhards von Goch im Jahre 1422 für die Dreikönigskapelle neben dem Naumburger Dom hergestellt worden sein.

Die Herkunft der Gemälde bleibt nach wie vor ein Problem.[45] Die Forschung hatte unter anderem an Burgund gedacht und angenommen, Bischof Gerhard habe das Mittelbild vom Konstanzer Konzil, an dem er 1417 und wohl auch 1418 teilnahm, nach Naumburg bringen lassen. Burgundische Herkunft wäre dann sehr gut möglich. Andere Kunsthistoriker kamen zu dem Schluß, das Retabel könne in Mitteldeutschland entstanden sein, aber auch stilistische Verwandtschaft mit der Altkölner Schule wurde vorgeschlagen. Die moderne Spezialforschung wird sich dieses Problems noch einmal annehmen müssen. Die sehr hohe künstlerische Qualität und der nach den letzten Instandsetzungsarbeiten wieder recht gute Zustand der Malereien werden gewiß dazu anregen.

## DAS GEMÄLDE DER BEKEHRUNG PAULI

Das Mittelbild des Flügelaltars im Nordarm des Querhauses zeigt die Bekehrung Pauli in einer herbstlichen Alpenlandschaft. Auf dem Wege nach Damaskus, wo er die Christengemeinde „erledigen" wollte, wurde der spätere Apostel bekanntlich durch eine Lichtvision geblendet vom Pferde gestürzt.
Auf dem Altargemälde trifft der breite, göttliche Strahl aus den Wolken Paulus im Rücken. „Sein Pferd ist gestürzt, vor dem Engel mit Schild und Schwert,

der aus einer herabsinkenden Wolke kommt, zurückweichend, ist es vom steinigen Wege jäh abgebogen. Paulus ist im Sattel nach vorn gefallen, stützt sich mit der rechten Hand auf den Rasen und hebt den Kopf zum Himmel empor. Seine zahlreiche Begleitung ist durch die himmlische Erscheinung auseinandergesprengt. ... Die Landschaft hat Voralpencharakter, den die Donauschule als Bildhintergrund liebt."[46]
Das unsignierte und nicht datierte Gemälde wurde Georg Lemberger zugeschrieben und in das Jahr 1521 datiert. Für die Feststellung, daß es sich eigentlich gar nicht um ein Altarbild, sondern um ein Epitaph handelt, wurden das Brustbild eines Domherren unten links und sein Wappen unten rechts, gedeutet als das Wappen einer Familie Beltzin, vor allem aber die Tatsache angeführt, daß weder die beiden Flügelbilder mit den Heiligen Barbara und Hedwig innen, sowie Petrus und Paulus außen, die an Werke der Cranachwerkstatt erinnern, noch die Predella mit den vier großen Kirchenlehrern und der Aufsatz mit dem Schweißtuch der heiligen Veronika dem Meister des Mittelbildes zugewiesen werden können. Aber diese Argumentation ist nicht stichhaltig – erst recht, wenn man weiß und bedenkt, daß der Flügelaltar in dieser Zusammensetzung bereits 1742 in einer Zusammenstellung der Antiquitates des Doms erwähnt wird, also keine neuzeitliche Montage ist. – Mitte der dreißiger Jahre in der Werkstatt des Provinzialkonservators in Halle gründlich restauriert und untersucht, wurde das Gemälde in den sechziger Jahren erneut instand gesetzt.

## DIE NAZARENER-BILDER DER STIFTUNG DES DOMHERRN VON AMPACH

Im Jahre 1820 bestellte der Naumburger Domherr Immanuel Christian Leberecht von Ampach (1772 bis 1831) in Rom bei den dort in Gemeinschaft lebenden und arbeitenden deutschen Künstlern, den sogenannten Nazarenern, neun Gemälde, von denen acht erhalten blieben. Das neunte und vielleicht wertvollste „Christus die Kinder segnend", geschaffen von Julius Schnorr von Carolsfeld, wurde beim

Du sollst lieben Gott deinen Herrn über Alles, und deinen Nächsten lieben als dich selbst. *Matth: XXII. 37. 40.*

Du sollst anbeten Gott deinen Herrn und ihm allein dienen. *Matth: IV. 10.*

Gebet dem Kaiser, was des Kaisers ist und Gotte, was Gottes ist. *Matth: XXII. 21.*

Sey getrost meine Tochter, dein Glaube hat dir geholfen. *Matth: IX. 22.*

*Gemälde der Ampach-Stiftung*

195

Brande des Münchener Glaspalastes 1931 vernichtet. Die Bilder kamen vermutlich schon 1825 in Naumburg an, hingen zunächst im „Christuszimmer" des Domherren in seinem Hause am Markt, gingen dann aber nach seinem Tode laut testamentarischer Verfügung in den Besitz des Domkapitels über. Das Testament bestimmte auch, daß die Gemälde im Ostchor des Doms aufgehängt werden sollten – was im Jahre 1834 geschah. 1883 auf Anregung des preußischen Kronprinzen von dort wieder entfernt, kamen sie 1892 in die renovierte Dreikönigskapelle am Dom, wo sie bis 1964 hingen. Seit 1980 hängen sie in der ehemaligen Nikolaus-Kapelle. Sowohl die Gemälde als auch die original erhaltenen Rahmen, an denen unten in erhabenen Buchstaben die hier kursiv gedruckten Zitate stehen, wurden gereinigt und – soweit unbedingt notwendig – ergänzend restauriert.

Die Aufzählung folgt der Reihung an den Wänden. Das erste Gemälde, an der Nordwand links, schuf Friedrich Wilhelm Schadow zu dem vorgegebenen Thema „Das vornehmste Gebot". Dargestellt ist Christi Antwort auf die Frage des Schriftgelehrten nach dem vornehmsten Gebot im Gesetz: *„Du sollst lieben Gott, deinen Herrn über alles und deinen Nächsten lieben wie dich selbst."* Matth. XXII, 37-40.

Rechts daneben hängt das Gemälde der Versuchung Christi von Theodor Rehbeniz mit dem Gebot Christi: „Hebe dich weg von mir, Satan, denn es steht geschrieben: *Du sollst anbeten Gott, deinen Herrn, und ihm allein dienen!"* Matth. IV, 10.

Das dritte Gemälde, „Christus und die Pharisäer mit dem Zinsgroschen" nach Matthäus 17, 24-27, schuf Friedrich Olivier. Auf dem Rahmen wird zitiert: *„Gebet dem Kaiser, was des Kaisers ist, und Gotte, was Gottes ist."* Matth. XXII, 21.

Das linke Gemälde an der Ostwand des Raumes zeigt die eben vollzogene Heilung des kranken Weibes. Matth. 9, 20-22: „Und siehe, ein Weib, das zwölf Jahre den Blutgang gehabt, trat von hinten zu ihm und rührte seines Kleides Saum an. Denn sie sprach bei sich selbst: Möchte ich nur sein Kleid anrühren, so würde ich gesund. Da wandte sich Jesus um und sah sie und sprach: *Sei getrost, meine Tochter, dein Glaube hat dir geholfen."* Matth. IX, 22. Und das Weib ward gesund zu derselben Stunde."

Weiter rechts folgt die Gethsemane-Darstellung von Philipp Veit. Der Maler kombinierte Matthäus „Und ging hin ein wenig, fiel nieder auf sein Angesicht und betete und sprach: *Mein Vater, ist's möglich, so gehe dieser Kelch von mir; doch nicht wie ich will,* sondern wie Du willst." Matth. XXVI, 39 mit Lukas 22, 41-43: „Und er riß sich von ihnen einen Steinwurf weit und kniete nieder, betete und sprach: Vater, willst Du, so nimm diesen Kelch von mir; doch nicht mein, sondern dein Wille geschehe! Es erschien ihm aber ein Engel vom Himmel und stärkte ihn."

An der Südwand hängt links das Gemälde der „Fußwaschung Christi" von Karl Johann Eggers. „So nun ich, euer Herr und Meister, euch die Füße gewaschen habe, so sollt ihr auch euch untereinander die Füße waschen. *Ein Beispiel habe ich euch gegeben, daß ihr tut, wie ich euch getan habe."* Joh. XIII, 15.

Das Gemälde der Kreuzigung Christi in der Mitte der Südwand stammt von Carl Christian Vogel von Vogelstein. Auf dem Rahmen steht *„Vater, ich befehle meinen Geist in deine Hände. Luk. XXIII, 46".*

Den Abschluß der Reihe bildet jetzt die Darstellung der Erscheinung Christi vor den elf Jüngern nach der Auferstehung, gemalt von Gustav Heinrich Naecke. Das Thema des Malers ist Lukas 24, 36-37: „Da sie aber redeten, trat er selbst, Jesus, mitten unter sie und sprach zu ihnen: *Friede sei mit euch! Friede sei mit euch! Joh. XX,* 19-21. Sie erschraken aber und fürchteten sich, meinten, sie sähen einen Geist."

Für sein „Christuszimmer" hatte der Domherr von Ampach auch einen gold-bronzierten Altar aus Holz, zwölf kleine Apostel aus Gips auf Holzpostamenten, einen „Wohltätigkeitstisch", zwei wollene Teppiche und zwei Betstühle herstellen lassen. Zur Verzierung des Ostchors des Doms und für die dort von ihm vorgesehene Aufstellung der Christusbilder stiftete er 1000 Taler.

Abgesehen von den zwei Teppichen kamen alle genannten Einrichtungsgegenstände des Zimmers in den Besitz des Domkapitels. Der Wohltätigkeitstisch und die beiden Betstühle wurden kürzlich restauriert und sind nun wieder in einem Raume mit den Gemälden vereint. Der Altar harrt noch seiner Restaurierung. Die Apostel aus Gips sind nicht mehr vollzählig erhalten; sie haben keinen Kunstwert.

Mein Vater, ist's möglich, so gebe dieser Kelch von mir,
doch nicht wie ich will, sondern wie du willst. Matth: XXVI. 39.

Ein Beispiel habe ich euch gegeben, daß ihr thut, wie ich euch gethan habe.
Johann: XIII. 15.

Vater ich befehle meinen Geist in deine Hände. Lucas. XXIII. 46.

Friede sey mit euch, Friede sey mit euch. Johann: XX. 19. 21.

*Gemälde der Ampach-Stiftung*

197

## DIE JOHANNESSCHÜSSEL

Matthäus 14, 3–11: „Herodes hatte Johannes gegriffen, gebunden und in das Gefängnis gelegt von wegen der Herodias, seines Bruders Philippus Weib. Denn Johannes hatte zu ihm gesagt: „Es ist nicht recht, daß du sie habest." Und er hätte ihn gerne getötet, fürchtete sich aber vor dem Volk; denn sie hielten ihn für einen Propheten. Da aber Herodes seinen Jahrestag beging, da tanzte die Tochter der Herodias vor ihnen. Das gefiel Herodes wohl. Darum verhieß er ihr mit einem Eide, er wollte ihr geben, was sie fordern würde. Und wie sie zuvor von ihrer Mutter angestiftet war, sprach sie: „Gib mir her auf einer Schüssel das Haupt Johannes des Täufers!" Und der König ward traurig. Doch um des Eides willen und derer, die mit ihm zu Tische saßen, befahl er's ihr zu geben. Und schickte hin und enthauptete Johannes im Gefängnis. Und sein Haupt ward hergetragen in einer Schüssel und dem Mägdlein gegeben; und sie brachte es ihrer Mutter." An diese auch von Markus (6, 14–29) überlieferte Geschichte des Todes Johannes des Täufers erinnern die sogenannten Johannesschüsseln, die schon im 13. und bis in das 17. Jahrhundert hinein Verbreitung fanden.

Die Johannesschüssel des Naumburger Doms wurde im Jahre 1926 in der Werkstatt des Provinzialkonservators in Halle restauriert. Ein Teil des Schüsselrands ist 1951 ergänzt worden. Die einzelnen Teile stammen, wie eine kürzlich durchgeführte Untersuchung zweifelsfrei ergab, aus verschiedenen Zeiten. Der Kopf des Heiligen dürfte im zweiten Viertel des 13. Jahrhunderts geschaffen worden sein, die Schüssel vor allem der Schriftform und der Form der Rosetten zufolge – vermutlich bis zu etwa dreihundert Jahre später.

Ursprünglich war der Kopf mit vier kräftigen Holzdübeln an eine andere Schüssel – oder einen anderen Gegenstand aus Holz – angedübelt. Die dafür benutzten Dübel sind noch im Kopf, nicht aber in der Schüssel, nachweisbar. An der erhaltenen, also jüngeren Schüssel, die übrigens sehr sauber auf einer Drehbank hergestellt worden ist, war der Kopf dann mit vier geschmiedeten Eisennägeln befestigt, deren Reste noch vorhanden sind.

Die Skulptur zeigt eine ergreifende Wirklichkeitsnähe, und die 1926 freigelegte, veristische originale Fassung des großartigen Bildwerks verstärkte den tiefen Eindruck dieses Gesichts, das den Augenblick unmittelbar nach dem Eintritt des Todes vergegenwärtigt. Eine genaue Datierung ist vorläufig nicht möglich. Stilistische Details wie die Behandlung des Haupthaares mit der Stirnlocke und des Bartes, aber auch die Form der Ohren lassen erwarten, daß der Kopf noch vor der Mitte des 13. Jahrhunderts geschaffen wurde – vielleicht im Zusammenhang mit der Weihe des neuen Johannesaltars an der Ostwand des Nordarms des Querhauses, der spätestens in den frühen dreißiger Jahren vollendet wurde. Hermann Giesau hielt den Kopf für ein „Werk des großen Bildhauers der Kreuzigungsgruppe der Moritzkirche, jetzt in Berlin"[47], die 1225/30 datiert wird, und die stilistische Verwandtschaft mit den beiden von dieser Gruppe erhaltenen Skulpturen scheint tatsächlich eng zu sein. Alle drei Bildwerke verbindet zudem nicht nur die sehr hohe künstlerische Qualität, sondern auch das bewegende Pathos des Ausdrucks.

Die Inschrift auf der Schüssel lautet: +MERETRIX SVADET, PVELLA SALTAT, REX IVBET, S(ANCTVS D)ECOLLATVR – zu deutsch: Die Dirne stiftet an, das Mädchen tanzt, der König befiehlt und der Heilige wird enthauptet, ein faszinierend kurzer und historisch präziser Text, der auch schon auf der Schüssel des 13. Jahrhunderts gestanden haben kann und wird. – Die drehbare Öse zur Aufhängung des Bildwerks ist offensichtlich alt – 13. oder 16. Jahrhundert? – und wurde auffallend grob angenagelt. Die Johannesschüsseln „wurden an der Wand oder über der Tür von Johanneskapellen angebracht".[48] Im Naumburger Dom hing die Johannesschüssel über dem Altarretabel des Johannesaltars an der Ostwand des nördlichen Flügels des Querhauses, wo jetzt das Gemälde der Bekehrung Pauli angebracht ist. Bei einer 1686 durchgeführten Restaurierung fand man in dem tiefen Reliquienschacht des Kopfes Reliquien der Heiligen Johannes, Walpurgis, Bartholomäus, Nikolaus, Margarethe, Hedwig und Gotthard mit angehängten Namenszetteln sowie eines weiteren Heiligen ohne namentliche Angabe. Sie sind alle nicht mehr nachweisbar.

*Die Johannesschüssel*

199

Die Grabsteine der Pröpste *Burkard von Bruchterte* (†1391) und *Johannes von Eckartsberga* (†1406) sind einander sehr ähnlich. Beide zeigen die hohen Geistlichen in ihrem vollen Ornat unter einer Kielbogen-Arkade stehend, jeden Augenblick bereit, aus dem hoheitsvollen Architektur-Rahmen hervorzutreten und mit dem Buch in der Hand zum Altar zu schreiten. Tief eingeschlagene Inschriften, die am Rande umlaufen und ursprünglich wohl bei beiden Grabmälern mit farbiger Paste gefüllt waren, überliefern jeweils Jahr und Tag des Todes, den Titel des Verstorbenen und den üblichen Segenswunsch, bei Burkard von Bruchterte mit dem an dieser Stelle merkwürdigen Zusatz: Behüt' uns Christus![49]

Die Reihenfolge der Entstehung ist durch die Todesdaten gesichert. Aber auch wenn man diese nicht kennen würde, könnte man unschwer feststellen, welcher der beiden Steine das Vorbild und welcher die Kopie darstellt: Das Grabmal von 1391 an der Südwand des Langhauses ist ein Kunstwerk von hohem Rang. Trotz der spätgotischen Stilisierung sowohl der Statue als auch der Architektur spürt man die Echtheit des Ambiente und die Wahrheit der Empfindungswelt. Das Grabmal von 1406 an der Nordwand des Querhauses dagegen läßt die charakteristischen Anzeichen eines Werkes aus zweiter Hand erkennen: Der Kielbogen vermittelt nicht mehr den Eindruck von Räumlichkeit unter dem Baldachin; er ist zu einem unlebendigen, scharfkantigen Ornament erstarrt. Und die Drapierung des Gewandes wirkt bei aller Weichheit der Falten, die man in dieser Zeit zu erwarten hat – „Weicher Stil"! – unverstanden. Man vergleiche nur den rechten Unterarm, die rechte Hand und den zugehörigen weit offenen Ärmel sowie die aufstoßenden unteren Gewandsäume des jüngeren mit den entsprechenden Partien des älteren Grabmals. Dabei handelt es sich nicht um stilistische, sondern um Unterschiede der künstlerischen

*Grabsteine des Propstes Burkard von Bruchterte (†1391) und des Propstes Johannes von Eckartsberga (†1406)*

*Bildplatte vom Grabstein des Domherrn Rudolf von Bünau*

Qualität. – Beide Steine wiesen ursprünglich eine kräftige Farbigkeit auf, so daß sie für die Zeitgenossen – vor allem auch in den Gesichtern – wie wirklichkeitsnahe Denkmäler ausgesehen haben dürften.

*Medaillon vom Grabstein des Rudolf von Bünau (†1505)*

Einer ganz anderen Vorstellungswelt gehören die Bronzeteile der Grabanlage für den Domherren *Rudolf von Bünau* an, der im Jahre *1505* im nördlichen Seitenschiff des Doms bestattet wurde. Sowohl das Medaillon am nordwestlichen Vierungspfeiler als auch die Schrift- und die Bildplatte an dem westlich folgenden Langhauspfeiler waren vermutlich auf dem Grabstein montiert. Auf dem Medaillon wird der Domherr im Ornat mit reich bestickter Kasel als Halbfigur-Relief gezeigt. Über vollen Locken liegt das Barett. Seine beiden Hände halten den Kelch vor die Brust. Die seitlichen Halbkreise des Vierpasses füllen je eine gravierte und ziselierte Rose. Die außen umlaufende Inschrift folgt dem dafür weit verbreiteten und in Naumburg üblichen Formular und besagt zu deutsch: Am 9. März im Jahre des Herrn 1505 verstarb der ehrwürdige Mann, Herr Rudolf von Bünau, Domherr dieser Kirche. Seine Seele ruhe in Frieden!

Die anderen beiden Platten wurden bei dem Grabe des Domherrn gefunden, gehören also gewiß dazu. Auf der Bildplatte ringt ein Leichnam, dem die Eingeweide aus dem Leibe hängen, betend die Hände. Er steht in einer dekorativen Astwerknische hinter der ein reicher vegetabilisch verzierter Teppich ausgebreitet ist. Die schönen Buchstaben der Schriftbänder zu beiden Seiten des Verstorbenen und die Inschrift der darüber montierten Schriftplatte schuf ein Meister der Schriftkunst. Formal und inhaltlich zusammengehörend, erklären sie den Sinn der Darstellung (zu deutsch): „Was ich bin, wirst du sein; was du bist, bin ich gewesen." Dem Memento mori gelten auch die zwei lateinischen Distichen der Schriftplatte, die Carl Peter Lepsius übersetzend nachdichtete:

„Taten machen's allein, daß wir den Tod überleben; Taten machen es auch, daß vor dem Tode wir sterben.

Recht zu tun, mahnt mich der Stein, um lebend des Todes Verheißung

mir zu erwerben und nicht schon vor dem Tode zu sterben."[50]

Grabmäler mit dem Vanitas-Motiv – alles ist vergeblich, eitel – im Zusammenhang mit dem Memento mori waren im frühen 16. Jahrhundert nicht selten. Ein bekanntes Beispiel ist das Grabmal des Landgrafen Wilhelm II. (†1509) in der Marburger Elisabeth-Kirche. „Die allseitig offene Tumba enthält den von Würmern, Schlangen und Kröten zerfressenen Leichnam des Landgrafen, ... der auf dem Deckel noch einmal in Lebensfrische in ritterlicher Rüstung dargestellt ist."[51]

Auf dem Grabstein des *1492* verstorbenen *Bischofs Dietrich IV. von Schönberg* (Abb. S. 203) waren die Bildplatte und der Schriftrahmen montiert, die am dritten Südpfeiler des Langhauses befestigt sind. Die untere Leiste des Schriftrahmens wurde 1747 ergänzt. Die Bildplatte zeigt den Bischof im vollen Ornat. Er steht auf einem Löwen in einer mit Astwerk bedeckten Nische. Der Löwe liegt auf einer profilierten Konsole und weist den Wappenschild des Bischofs vor. Die denkmalhafte Gestaltung des künstlerisch bedeutenden Bildwerks kündigt die neue Vorstellungswelt der Renaissance an. Nun steht die individuelle Persönlichkeit mehr und mehr im Vordergrund.

Die lateinische Inschrift besagt in wörtlicher Übersetzung: „Für Bischof Dietrich von Schönberg, einen überaus rechtschaffenen Mann, Bischof dieses heiligen Hauses, seinen hochverdienten, besten Oheim, setzte Johann, ein Sproß derselben Familie und schon bei Lebzeiten zum Nachfolger ausersehen, dieses Denkmal. Er starb am 15. März im Jahre des christlichen Heils 1492. Seine Seele möge in heiligstem Frieden ruhen, vereint mit all den Seinen! Amen."

Bischof Dietrich IV., der von 1481 bis 1492 in Naumburg regierte, teilte seine Amtsgeschäfte mit Genehmigung Papst Sixtus IV. seit 1483 mit seinem Neffen Johann von Schönberg, der ihm als Johann III. (1492–1517) nachfolgte.

Der Naumburger *Domherr Vinzenz von Schleinitz*, der *1535* als Bischof von Merseburg (1526–35) starb, hatte sich sein Grabmal für den Naumburger Dom schon zu Lebzeiten, und zwar bevor er als Bischof nach Merseburg übersiedelte, anfertigen lassen. Für sein Begräbnis im Merseburger Dom, in dem er dann auch

*Bronzeteile der Grabplatte Bischof Dietrichs von Boxdorf († 1466)*

*Grabmal des Domherrn Vinzenz von Schleinitz, um 1510*

bestattet wurde, ließ er sich einen neuen Grabstein und ein monumentales Epitaph herstellen. Der Naumburger Grabstein ist ein charakteristisches Beispiel für den spätgotischen Astwerk-Stil des frühen 16. Jahrhunderts im mittleren Deutschland.

Im Jahre *1591* verstarb der Domherr, Senior und Scholastiker *Günter von Bünau*. Sein Wandepitaph, geschaffen von dem Bildhauer Matthes Steiner, hängt im südlichen Seitenschiff. Im Aufbau und in der Ornamentik ist es ebenso zurückhaltend konservativ wie die anderen Werke dieses Meisters im Naumburger Dom, das Epitaph des Dechanten *Peter von Naumarck (†1576)*, ebenfalls im südlichen Seitenschiff, und der Grabstein des Domherrn *Georg von Molau (†1580)* im nördlichen Seitenschiff. Matthes Steiner gilt auch als Meister der kleinen Reliefs der Sieben Freien Künste und der Melancholie an den Pfosten der Portale der Hochaltar-Rückwand von 1567 im Ostchor des Doms.

Grabmälern des Barock, des 17. und 18. Jahrhunderts, begegnet man im Naumburger Dom weniger häufig, als man erwartet. Besondere Beachtung verdienen die beiden Grabgitter des Domdechanten *Friedrich von Berbisdorf (†1684)* im südlichen und des Domherrn *Georg Albrecht von Rohr* und seiner 1651 verstorbenen Gemahlin im nördlichen Querhausarm, das eine 1650, das andere 1651 wohl von dem Kunstschmiede-Meister Daniel Vogel hergestellt und von dem Maler W. Fuchs farbig gefaßt. – Die Barock-Epitaphien der *Maria Agnes von Burgsdorf (†1709)* und ihres Gemahls *Christoph Ludolf (†1720)* aus verschiedenfarbigem Marmor an der Westwand der Vorhalle und des Dompropstes *Christian von Uffel (†1748)* aus Holz mit einem Ölgemälde auf Kupfer im Südseitenschiff sind, jedes auf seine Weise, charakteristische Beispiele. Eine kunsthistorische Studie über alle Grabmäler des Naumburger Doms steht noch immer aus.

*Epitaph des Domherrn Günter von Bünau (†1591)*

*Bronzeteile der Grabplatte Bischof Dietrichs von Schönberg († 1492)*

DIE DREIKÖNIGSKAPELLE

Am 16. Oktober 1416 bekannte Bischof Gerhard II. von Goch, Bischof von Naumburg 1409–22, daß er ein Benefizium von 18 ungarischen Gulden „auf die von ihm neben dem Dom von Naumburg über der Kapelle sancti Nicolai erbaute neue Kapelle der Drei Könige" übertragen und Anordnungen über die gottesdienstlichen Verpflichtungen getroffen habe.[52] Der Neubau der Dreikönigskapelle war damals also bereits vollendet.

Sie wurde tatsächlich, wie in der Urkunde festgehalten, „über der Nikolaus-Kapelle" errichtet, die seit dem 11. Jahrhundert südöstlich neben dem Dom nachweisbar ist. Ihre Grundmauern wurden im Erdgeschoß des allgemein Dreikönigskapelle genannten, zweigeschossigen Bauwerks, das sich südöstlich an die Domvorhalle lehnt, ergraben: Die frühromanische Nikolauskapelle hatte drei zweijochige gleichbreite Schiffe, die in einen östlich vorgelagerten querrechteckigen Raum mit einer stark eingezogenen kleinen Apsis mündeten. Da die nordwestliche Ecke dieses Kapellenbaus bis in reichlich 10 m Höhe über dem Außenniveau erhalten blieb, ist auch für das frühromanische Gebäude schon ein Obergeschoß gesichert.

Die seitlichen Umfassungsmauern des Neubaus des frühen 15. Jahrhunderts stehen teilweise auf den frühromanischen Fundamenten des Vorgängerbaus, der den Naumburger Bischöfen als Privatkapelle diente. Der spätgotische Nachfolgebau ist längsrechteckig und besteht in beiden Geschossen aus je zwei Jochen. Das westliche Joch der vermutlich schon seit dem Brande von 1532 profanierten Nikolauskapelle bedeckt ein Kreuzgratgewölbe, das östliche erhielt in den sechziger Jahren eine Flachdecke.

Seit der Mitte des 16. Jahrhunderts waren in der Kapelle Bretter und andere Baumaterialien aufbewahrt worden. Die inschriftlich 1618 datierte Tür in der Nordwand ermöglichte den Zugang in diesen „Lagerraum" von außen. Eine Rechtecktür in der Südwand vermittelte den Übergang in das 1726 erbaute zweigeschossige Syndikatshaus, ein 1891/92 abgebrochenes Barockgebäude, das zwischen der Dreikönigskapelle und dem Chor der Kollegiatstiftskirche St. Marien südlich neben dem Dom stand. Die Nikolauskapelle war nämlich eine Zeit lang auch für Zwecke des freiheitischen Gerichts benutzt worden und hatte sogar als Untersuchungsgefängnis gedient. 1809 erhielt die Kapelle eine spitzbogige Toreinfahrt in ihrer Ostwand; denn sie hatte nunmehr die Funktion des Spritzenhauses zu übernehmen. Dieses 1872 noch einmal erneuerte Tor wurde erst im Jahre 1939 beseitigt und die Ostwand in den alten Zustand, mit dem hohen Mauersockel, zurückversetzt. Damals fügte man auch das fast quadratische Fenster wieder ein, dessen obere Gewände-Leibung – wohl aus der Zeit nach dem Brande von 1532 – bei dem Ausbruch des Tores zutage kam. Im ursprünglichen Zustand hat man sich hier vermutlich zwei gotische Schlitzfenster vorzustellen. 1939/40 wurde auch ein neuer segmentbogiger Eingang in der Westwand der Kapelle angelegt. – Jetzt werden in der als Durchgangsraum in den Dom benutzten ehemaligen Kapelle die Nazarener-Bilder, die Betstühle und der Opfertisch der von Ampach-Stiftung gezeigt.

Die Kapelle im Obergeschoß, die den Heiligen Drei Königen geweiht ist, hatte im Brande von 1532 schweren Schaden erlitten. Im Jahre 1822 wurde sie der Wohnung des Syndicus zugeschlagen, und bis 1890 bewohnte sie dann der Domkirchner. Erste beträchtliche Instandsetzungsarbeiten am Äußeren der Kapelle erfolgten 1873, aber erst im Jahre 1891 wurden die Wohnungs-Einbauten ausgeräumt. Schon im Jahre 1892 konnte die gründliche Instandsetzung und Restaurierung des Äußeren und Inneren der Kapelle abgeschlossen und der Raum wieder der kirchlichen Nutzung übergeben werden.

204

Das Gewände des bis dahin noch zugemauerten Portals am Kapelleneingang mußte 1890/91 vollständig erneuert werden. Auch die drei Engel-Konsölchen unter der kleinen Kreuzigungsgruppe im Türbogenfeld wurden damals geschaffen. Aber die Terrakotta-Figürchen des Gekreuzigten, seiner Mutter Maria und des Apostels Johannes sind spätgotisch, entstammen also dem zweiten Jahrzehnt des 15. Jahrhunderts oder gehen sogar auf eine etwas ältere Vorlage zurück.

Im Jahre 1965 wurde eine weitere Gesamtinstandsetzung der Dreikönigskapelle abgeschlossen. Die Wände und die Gewölbe wurden neu verputzt und Schäden an den Gewölberippen ausgebessert. Der Holzfußboden wurde entfernt und ein neuer Kalkstein-Fußboden in der archäologisch festgestellten ursprünglichen Höhe angelegt. Das westliche Fenster der Südwand war vermauert und konnte wieder freigelegt werden, so daß es jetzt als Blendfenster von innen sichtbar ist. Auch der steinerne Altar ist neu. Entscheidend aber war die Beseitigung des das Ostjoch der Nikolauskapelle bedeckenden, weit in die Dreikönigskapelle hineinragenden, für die Unterbringung der Feuerspritzen eingezogenen barocken Gewölbes sowie dessen Ersatz durch eine Flachdecke. Diese Veränderung erst ermöglichte es, den schönen Kapellenraum mit dem seltenen Gewölbe in alter Großartigkeit wieder erlebbar zu machen. – Die Erneuerung des mittelalterlichen Kreuzgratgewölbes im östlichen Joch der Nikolauskapelle nach dem Vorbild dessen im westlichen Joch der Kapelle wäre möglich, würde aber voraussetzen, daß das 1940 eingesetzte quadratische Fenster wieder verschwindet und durch zwei Schlitzfenster ersetzt wird.

Den steilen und eindrucksvollen Raum der Dreikönigskapelle bedecken Dreistrahl-Springgewölbe auf Wandsäulen, deren nun wieder sichtbare sehr schlanke Säulensockel paarweise verschieden hoch und alle unterschiedlich dekoriert sind. – Die Farbverglasung wurde um die Jahrhundertwende neu entworfen und hergestellt. Die beiden seitlichen Fenster erhielten 1988 neue Scheiben.

Bischof Gerhard II. von Goch hatte die Dreikönigskapelle als Dank für seine glückliche Heimkehr vom Konstanzer Konzil errichten lassen. Daher erklärt sich wohl auch ihr Patrozinium; die Heiligen Drei Könige sind bekanntlich die „Wege-Heiligen". An sie erinnern die Bildwerke außen an der Ostwand der Kapelle und der Naumburger Dreikönigsaltar, Kunstwerke von hohem Rang, um deren Beschaffung sich der Bischof gewiß selbst noch bemüht hat. Die Gruppe der Heiligen Drei Könige war offensichtlich von Anfang an an der Stelle vorgesehen, wo sie sich seitdem befindet, ausgezeichnet und geschützt durch die Baldachine unter dem ihretwegen nach oben gezogenen Kaffgesims. Erste Maßnahmen zu ihrer Dokumentation und Konservierung wurden in die Wege geleitet. Nach der Feststellung der ursprünglichen Farbigkeit und der Reinigung soll eine gründliche Erforschung folgen.

*Die Dreikönigskapelle von Osten*

Der Naumburger Dom hat im Verlaufe der Jahrhunderte erhebliche Veränderungen erfahren. Deshalb muß hier auf die Hauptperioden seiner Restaurierungen und Instandsetzungen wenigstens zusammenfassend hingewiesen werden. Ein großer Brand, mutwillig gelegt, um am Domkapitel Rache zu üben, machte das Bauwerk im Jahre 1532 fast zur Ruine. Das Feuer zerstörte die Dächer, einen großen Teil der Ausstattung und weite Flächen des Mauerwerks, wie man, vor allem in den Dachböden der Seitenschiffe, noch heute sehen kann. Der Wiederaufbau ging über die Kräfte des Domkapitels und dauerte Jahrzehnte. Nur langsam konnten die geschlagenen schweren Wunden geheilt werden. Die Brandschäden im Westchor wurden sogar erst im 19. Jahrhundert endgültig beseitigt, wie Zeichnungen und Fotos, die vor der Restaurierung entstanden, erkennen lassen.

In den dreißiger Jahren des 18. Jahrhunderts wurde unter anderem das gesamte Langhaus barockisiert. Ausschlaggebend waren dafür unter anderem die Veränderungen in der Liturgie. Nun benötigte man einen geschlossenen Gemeinderaum mit Sitzplätzen für die einzelnen Stände. Zu diesem Zweck wurden die beiden Chöre durch Einbauten vom Langhaus abgetrennt und in den Arkaden und vor den Lettnern Emporen und Priechen eingebaut. Der Blick in den Ostchor war vom Mittelschiff aus überhaupt nicht mehr möglich; denn über dem Ostlettner hatte man „Stübchen" für die Domherren und darüber die Orgel erbaut, so daß der Triumphbogen vollständig geschlossen war. Um diese Einbauten unterzubringen und verankern zu können, wurde unter anderem der obere Teil des Ostlettners bis oberhalb der Kapitellchen der Brüstungsarkaden abgeschlagen. Und vom Westchor war im Langhaus kaum mehr als das Gewölbe zu sehen. Vor dem sogenannten Westlettner stand nun eine große Empore mit Kanzel.

Goethe hat bei einem Dombesuch den Westchor nicht einmal betreten, sondern lediglich einen Blick durch die Gittertüre geworfen. Der Chor diente damals nämlich hauptsächlich als Rumpelkammer. Dort waren unter anderem die längst nicht mehr gebrauchten Beichtstühle abgestellt und die Kanzel von 1466, die zu zerfallen drohte, von der aber nicht viel mehr als der Korb übrig war, dieselbe Kanzel, die restauriert und ergänzt seit 1941 wieder benutzt wird. Bei dieser gründlichen Veränderung erhielt das gesamte Mittelschiff einen dem Barock-Stil angepaßten Farbanstrich. Viel Gold und Ölfarbe wurde dafür benötigt, wie die Rechnungen ausweisen. Heute ist von alledem kaum noch etwas zu sehen, aber fotografische Aufnahmen und geringe Reste lassen ahnen, wie viel in den siebziger Jahren des vergangenen Jahrhunderts geopfert werden mußte, um den mittelalterlichen Gesamteindruck des Doms zurückzugewinnen.

Es ist ein großes Verdienst der Restaurierungen in den siebziger bis neunziger Jahren des vergangenen Jahrhunderts, das Bauwerk, soweit möglich, in allen Teilen gesichert zu haben, aber die dabei befolgten puristischen Grundsätze waren nach heutigen Maßstäben bedenklich. Im vorliegenden Zusammenhang würde es viel zu weit führen, über Einzelheiten zu berichten. Das jetzige Aussehen des Doms ist weitgehend diesen Bemühungen zu verdanken. Die offenen Geschosse des Südwestturms und die Helme beider Westtürme sind ebenso Zutaten des 19. Jahrhunderts wie die Brüstungen auf den Mauerkronen des West- und des Ostchors, die teilweise inzwischen bereits wieder „verbessert" wurden.

In unserem Jahrhundert sind manche störenden Zutaten des 19., die viel zu große gründerzeitliche „spätromanische" Kanzel und die weit ausladenden „spätromanischen" Treppen von den Querhausarmen in den Ostchor sowie das schwere, das Langhaus beherrschende und die Pfeilerbasen verdeckende eichene Kastengestühl wieder beseitigt worden, von vielen kleineren und größeren Korrekturen ganz zu schweigen. Mit diesen Arbeiten wurde schon in den zwanziger Jahren begonnen, aber der Krieg verhinderte, daß sie zielstrebig zu Ende geführt werden konnten.

Im Jahre 1961 kamen die Arbeiten wieder in Gang. Von 1961–65 durchgeführte archäologische Ausgrabungen boten nicht nur die Möglichkeit, neue Erkenntnisse über die Baugeschichte der Vorgängerbauten des Doms zu gewinnen, sondern gaben zugleich auch Hinweise für die Instandsetzung. So konnte der gesamte Fußboden nun wieder abgesenkt, in die originale Niveauhöhe gebracht und in Kalkstein erneuert werden, so daß das Innere seitdem die alten Proportionen aufweist. Treppen und Altäre und der gesamte Kreuzgang und sein Hof wurden, soweit möglich, in den mittelalterlichen Zustand zurückversetzt; denn den Kreuzgang hatte man noch wenige Jahre vor dem Kriege und im Kriege beträchtlich verändert: einige der Brüstungsmauern, Strebepfeiler und Eingangstreppen waren entfernt und der Hof

bis zur Gründungstiefe der Fundamente abgeschachtet worden – was inzwischen rückgängig gemacht werden konnte.

Die mittealterlichen Farbverglasungen der West- und Ostchorfenster waren wegen der Bombengefahr ausgelagert worden. Sie wurden nun in neue Bleiruten gefaßt, wieder in die Fenster eingesetzt und mit einer Schutzverglasung versehen.

Schließlich erhielt der Ostchor neue, schmalere und kürzere Treppenaufgänge. Ihre Handläufe wurden mit den kleinen Bronze-Skulpturen verziert, die der Bildhauer Heinrich Apel, Magdeburg, schuf: die Prozession der Tiere zum predigenden heiligen Franziskus an dem Handlauf der Treppe im Südarm und das Streben der mittelalterlichen Stände in das himmlische Paradies gegenüber im Nordarm des Querhauses.

Nach 1989 konnten alle Dächer des Doms und der Dreikönigskapelle – wiederum mit Mönch-Nonne-Dachsteinen – neu gedeckt werden. Umfangreiche Instandsetzungsarbeiten am Nordwestturm des Doms, der 1686 zum ersten Male und einhundert Jahre später erneut repariert worden war, sind noch im Gange.

*Das Innere des Doms vor der Restaurierung in den Jahren 1874-78, Archivaufnahmen*

207

# ANMERKUNGEN

1 Schubert, Ernst: Der Naumburger Dom. Fotos von Fritz Hege. Berlin 1968.

2 Urkundenbuch des Hochstifts Naumburg. Teil 1 (967–1207), hgg. von der Historischen Kommission für die Provinz Sachsen und für Anhalt (= Neue Reihe 1), bearb. von Felix Rosenfeld (†), Magdeburg 1925, Nr. 28, S. 25, vgl. auch Nr. 24, S. 19.

3 Vgl. Originalurkunde Nr. 84 im Archiv des Domkapitels.

4 Jahn, Johannes: Schmuckformen des Naumburger Doms. Aufnahmen von Erich Kirsten. Leipzig 1944, S. 99.

5 Giesau, Hermann: Der Dom zu Naumburg. 3. veränderte Aufl., Burg bei Magdeburg 1939, S. 17.

6 Zitat wie Anm. 4.

7 Drachenberg, Erhard, Karl-Joachim Maercker, Christa Richter: Mittelalterliche Glasmalerei in der Deutschen Demokratischen Republik (= Schriften zur Denkmalpflege. Hrsg. vom Institut für Denkmalpflege). Berlin 1979, S. 221 (Karl-Joachim Maercker).

8 Zitat wie Anm. 7.

9 Hirschfeld, Werner: Die Erneuerung der Baldachinreihe im Westchor des Naumburger Domes. In: Jahrbuch der Denkmalpflege in der Provinz Sachsen und in Anhalt 1935/36, S. 48–58, das Zitat S. 48.

10 Vgl. Annalista Saxo zum Jahre 1002, in: Monumenta Germaniae historica, Scriptores 6, S. 648.

11 Lepsius, Karl Peter: Ueber das Alterthum und die Stifter des Domes zu Naumburg und deren Statuen im westlichen Chor desselben. Magdeburg 1854 (= Kleine Schriften, Beiträge zur Thüringisch-sächsischen Geschichte und deutschen Kunst- und Alterthumskunde. Ges. u. hgg. von A. Schulz San=Marte, 1. Bd.), S. 33: „Ditmarus Comes fundator sepult. ante Alt. S. Joh. Evang.“

12 Wie Anm. 11: „Thimo de Kisteriz qui c(on)tulit eccl(esi)ae Kisteriz et alias villas multas, sepult(us) ante alt. S. Stephani.“

13 TIMO DE KISTERICZ QVI DEDIT ECCLESIE SEPTEM VILLAS.

14 Annales Vetero-Cellenses in: Mitteilungen der deutschen Gesellschaft in Leipzig Bd. I, Heft 2, S. 169–170.

15 Vgl. Annales Hildesheimenses in Monumenta Germaniae historica, Scriptores 3, S. 99.

16 Schlesinger, Walter: Meissner Dom und Naumburger Westchor. Ihre Bildwerke in geschichtlicher Betrachtung. Münster/Köln 1952, S. 73.

17 Wie Anmerkung 16, S. 71.

18 Leopold, Gerhard, und Ernst Schubert: Die frühromanischen Vorgängerbauten des Naumburger Doms. Mit Beiträgen von Hans Grimm, Paul Grimm, Berthold Schmidt und Waldemar Nitzschke. Berlin 1972 (= Corpus der romanischen Kunst im sächsisch-thüringischen Gebiet Reihe A, Bd. IV), S. 16 mit Anm. 67–70.

19 „WILHELMVS COMES VNVS FVNDATORVM.“

20 Monumenta Germanie historica, Scriptores 10, S. 148.

21 Alle Nachweise dazu in: Die Inschriften des Naumburger Doms und der Domfreiheit. Gesammelt und bearbeitet von Ernst Schubert und Jürgen Görlitz (= Die Deutschen Inschriften Bd. 6, Berliner Reihe Bd. 1), Berlin 1959, S. 18 mit Anm. 7.

22 Walter Schlesinger, wie Anm. 16, S. 74.

23 Vgl. dagegen *Wiessner*, Heinz – Irene *Crusius*: Adeliges Burgstift und Reichskirche. Zu den historischen Voraussetzungen des Naumburger Westchores und seiner Stifterfiguren. In: Studien zum weltlichen Kollegiatstift in Deutschland, Hrsg. Irene *Crusius* (= Veröffentlichungen des Max-Planck-Instituts für Geschichte 114, Studien zur Germania Sacra 18), Göttingen 1995, S. 232–258. In diesem m.W. jüngsten Beitrag zur Naumburg-Forschung wird beeindruckend dargestellt, „daß Heinrich der Erlauchte als Initiator hinter diesem einzigartigen Kunstwerk des Naumburger Meisters steht. ... Denn ohne die wettinische Grablege im frühromanischen Dom und die Gräber der Ekkehardinger im Burgstift St. Marien, ohne die Prägung der Naumburger Bistumsgeschichte durch den Adel wären im 13. Jahrhundert solche Statuen adeliger Laien in einer Bischofskirche (noch) nicht möglich – das macht historisch die Einzigartigkeit des Westchors aus“ (S. 254).

24 Wie Anm. 18.

25 Seine die gesamte Problematik zusammenfassenden Beiträge behandeln auch eindringlich die Wirkungsgeschichte der Stifterfiguren. Vgl. *Sauerländer*, Willibald: Die Naumburger Stifterfiguren. In: Die Zeit der Staufer. Geschichte-Kunst-Kultur. Katalog der Ausstellung Stuttgart 1977. Band V Supplement, Vorträge und Forschungen. Hrsg. Rainer *Haussherr* und Christian *Väterlein*. Stuttgart 1979, S. 169–245. Vgl. auch ders. ebendort Band I, Stuttgart 1977, S. 332–335. Ders. – Joachim *Wollasch*: Stiftergedenken und Stifterfiguren in Naumburg. In: Memoria. Der geschichtliche Zeugniswert des liturgischen Gedenkens im Mittelalter. Hrsg. K. *Schmid* und J. *Wollasch*. Berlin, New York 1984 (= Münstersche Mittelalter-Schriften Band 48), S. 354–383.

26 Vgl. dazu speziell Wollasch, Joachim: Zu den Ursprüngen der Tradition in der Bischofskirche Naumburg. In: Frühmittelalterliche Studien, Hrsg. Hagen Keller und Joachim Wollasch, 25. Bd., Berlin, New York 1991, S. 171-187 und die dort verzeichnete Literatur.

27 „Insbesondere hatte der Verbrüderte auf ein Totenoffizium (memoria) Anspruch, eine Veranstaltung, die sich in der Regel am 3., 7. und 30. Tage nach seinem Ableben wiederholte und deren Übung neben der Heiligenverehrung den Anstoß zu der reichen künstlerischen Ausgestaltung von liturgischen Gedächtnisfeiern im Rahmen des mittelalterlichen Kultus gegeben hat." In: *Küas*, Herbert: Die Naumburger Werkstatt. Aufnahmen von Erich Kirsten. Berlin 1937 (= Forschungen zur deutschen Kunstgeschichte 26), S. 177-182, das Zitat S. 177f.

28 Vgl. dazu ausführlicher zuletzt Leopold, Gerhard, und Ernst Schubert: Zur Baugeschichte des Naumburger Westchores. In: Kunst des Mittelalters in Sachsen, Festschrift Wolf Schubert, Weimar 1967, S. 97-106.

29 Jahn, Johannes: Wörterbuch der Kunst. 4. Aufl., Stuttgart 1953 (= Kröners Taschenausgabe Bd. 165), S. 628.

30 Dehio, Georg: Geschichte der deutschen Kunst. Des Textes erster Band. Das frühe und hohe Mittelalter bis zum Ausgang der Staufer. Die Kunst des romanischen Stils. 4. durchgearb. Aufl. Berlin und Leipzig 1930 (geschrieben gegen 1915!), S. 343-344.

31 Wie Anm. 23, S. 346.

32 Wie Anm. 23, S. 346-347.

33 Wie Anmerkung 4, S. 111-114

34 Vgl. dazu Sauerländer, Willibald: Gotische Skulptur in Frankreich 1140-1270. Aufnahmen von Max Hirmer. München 1970, S. 185.

35 Nach Kaiser, Bruno: Baugeschichte der Naumburger Domkirche seit dem Brande vom Jahre 1532. Mit einem Abriß der mittelalterlichen Baugeschichte. Manuskript im Archiv des Domstifts Naumburg, Naumburg ca. 1950, S. 157.

36 Beide Unterschenkel und die Füße des Gekreuzigten sind Ergänzungen der siebziger Jahre des vergangenen Jahrhunderts. Damals wurden die barocken Erneuerungen dieser Teile aus Gips abgenommen.

37 Die Argumente gegen die Deutung als Lettner und für die hier vorgetragene Interpretation der Architektur dieser Portal-Fassade ausführlich und zusammenfassend bei Schubert, Ernst: Der Westlettner des Naumburger Doms. In: Kunstwissenschaftliche Beiträge 2 (Beilage zur Zeitschrift Bildende Kunst 8/1979), S. 7-15. Vgl. dagegen Winterfeld, Dethard von: Zur Baugeschichte des Naumburger Westchors. Fragen zum aktuellen Forschungsstand. In: architectura, Zeitschrift für Geschichte der Baukunst, Jahrgang 1994, besonders S. 314-316.

38 Vgl. Kayser, Johann Georg: Antiquitates, Epitaphia et Monumenta ad Descriptionem Thempli Cathedralis Numburgensis collecta ... 1747. Manuskript im Archiv des Domkapitels zu Naumburg, S. 226.

Schoch, Johann Karl: Kurtze Nachricht von denen Merkwürdigkeiten der Domkirche. 1773. Manuskript im Stadtarchiv Naumburg, z.Zt. nicht zugänglich.

39 Schmarsow, August: Die Bildwerke des Naumburger Domes. Magdeburg 1892, S. 57. Die folgenden Zitate S. 55 und 56.

40 Wie Anmerkung 39, S. 55-56.

41 Wie Anmerkung 39, S. 47-48.

42 *Sauerländer*, Willibald: Die Naumburger Stifterfiguren. In: Die Zeit der Staufer. Geschichte-Kunst-Kultur. Katalog der Ausstellung Stuttgart 1977. Band V Supplement, Vorträge und Forschungen. Hrsg. Rainer *Haussherr* und Christian *Väterlein*. Stuttgart 1979, S. 220 und 221.

43 Nachweise bei Schubert, Ernst: Der Westchor des Naumburger Doms. Ein Beitrag zur Datierung und zum Verständnis der Standbilder. Berlin 1964, 2. Aufl. Berlin 1965 (= Abh. der Dt. Akad. d. Wiss. zu Berlin, Klasse für Sprachen, Literatur und Kunst, 1964, 1), S. 21.

44 *Hic instituit Dominus Ulricus de Ostera decanus peragi Festum adventus reliquiarum beatae Elisabethae et itur de Choro cum solenni processione ad Capellam b. Elisabethae, de qvo instituit dari Canonico praesenti 6 denari, Ecclesiastico 4 denarii.* Manuskript im Archiv des Domkapitels Sign. Nr. XXXIV Nr. 1a.

45 Die gesamte Forschung zitiert Schubert, Ernst: Der Naumburger Dreikönigsaltar. Ein historisch-philologischer Beitrag. Berlin 1957 (= Schriften zur Kunstgeschichte 3), S. 22-25.

46 Vgl. Grote, Ludwig: Unbekannte Bilder Georg Lembergers. In: Jahrbuch der Denkmalpflege in der Provinz Sachsen und in Anhalt 1933/34, S. 77.

47 Giesau, Hermann, und Albert Leusch: Neue Arbeiten unserer Werkstatt. In: Jahrbuch der Denkmalpflege in der Provinz Sachsen und in Anhalt 1935/36, S. 76.

48 Jahn, Johannes: Wörterbuch der Kunst, Stuttgart 1940 (= Kröners Taschenausgabe Bd. 165), S. 313.

49 Custodiat nos C(h)ristus.

50 Nicht mehr auffindbare handschriftliche Marginalie.

51 Dehio, Georg: Handbuch der deutschen Kunstdenkmäler. Hessen. Bearb. von Magnus Backes. (München) 1966, S. 564.

52 Nach dem Regest von Felix Rosenfeld im Archiv des Naumburger Domkapitels.

Vollständig dargeboten von Bruno Kaiser (vgl. Anm. 35), dessen umfangreiches Manuskript zur Zeit für den Druck vorbereitet wird.

# LITERATURVERZEICHNIS

*Altendorf*, H.: Der westliche Lettner im Dom zu Naumburg a. d. S. In: Christliches Kunstblatt (13) 1871, S. 135-139.

*Aus Naumburg a. d. S.* (Restaurierung des Domes). In: Ztschr. für Bildende Kunst, Beiblatt Kunstchronik 8, 1873, S. 325.

*Bäumer*, Gertrud: Der ritterliche Mensch. Die Naumburger Stifterfiguren in 16 Farbaufnahmen von Walter Hege. Berlin 1941.

*Beenken*, Hermann: Naumburger Dom. In: Sachwörterbuch der Deutschkunde, Hrsg. Walter Hofstaetter und Ulrich Peters, Berlin 1930, II, S. 865. Ders.: Zur Entstehungsgeschichte des Naumburger Stifterchores. In: Forschungen und Fortschritte 15, 1938, S. 88-91. Ders.: Zur Entwicklung des Naumburger Meisters. In: Sitzungsbericht der Kunstgeschichtlichen Gesellschaft, Berlin 1938/39, S. 4-6. Ders.: Der Meister von Naumburg. Berlin 1939.

*Behrens*, Ewald: Die Naumburger Werkstatt in Schlesien. In: Kunstchronik 4, 1951, S. 253.

*Bergner*, Heinrich: Die Stadt Naumburg. (= Beschreibende Darstellung der älteren Bau- und Kunstdenkmäler der Provinz Sachsen und angrenzender Gebiete. Heft 24). Halle a. d. S. 1903. Ders.: Naumburg und Merseburg. Leipzig 1909 (= Berühmte Kunststätten, Bd. 47). Ders.: Das steinerne Drama im Dom. In: Sächsische Heimat 7, 1923/24, S. 32-34. Ders.: Naumburg und Merseburg. Umgearb. von F. *Haesler*, 2. Aufl. Leipzig 1926.

*Bildwerke*, Die, des Naumburger Doms. Mit einem Geleitwort von Wilhelm *Pinder*, Leipzig 1937, 10. Aufl. 1961 (= Inselbücherei Nr. 505).

*Bildwerke*, Die, des Naumburger Doms. Mit einem Geleitwort von Johannes *Jahn*. Leipzig 1964 (= Inselbücherei Nr. 505).

*Boeck*, Wilhelm: Beobachtungen zum Werk des Naumburger Meisters. In: Mainzer Ztschr. 70, 1975, S. 85-88.

*Bruhns*, Leo: Der Dom zu Naumburg. Königstein im Taunus 1949.

*Büsching*, Johann Gustav: Reise durch einige Münster und Kirchen des nördlichen Deutschlands im Spätjahr 1817. Leipzig 1819, S. 342-354.

*Cohn-Wiener*, Ernst: Das Problem des Meisters von Naumburg. In: Monatshefte für Kunstwissenschaft 8, 1915, S. 263-273. Ders.: Zum Problem des Naumburger Meisters. In: Sitzungsbericht der Kunstgeschichtlichen Gesellschaft, Berlin 1915, S. 17-19.

*Deckert*, Hermann: Das Abendmahl am Naumburger Westlettner. In: Eine Gabe der Freunde für Carl Georg *Heise* zum 28. April 1950. Berlin 1950, S. 154-157.

*Der Dom zu Naumburg* (Restaurierungsbericht). In: Rombergs Ztschr. für praktische Baukunst 37, 1877, Sp. 208-210.

*Der Naumburger Dom* (Restaurierungsarbeiten). In: Deutsche Kunst und Denkmalpflege 1935, S. 161.

Der Naumburger Dom. In: Heimatkalender Naumburg 1, 1925, S. 83 bis 86.

*Der Naumburger Stifterchor* wiederhergestellt. Notiz in: Weltkunst 7, 1933 (43), S. 4.

*Die Fenster* des Naumburger Domes (Restaurierung). In: Thüringer Fähnlein 9, 1940, S. 326 bis 327.

Die *Inschriften des Naumburger Doms* und der Domfreiheit. Gesammelt und bearbeitet von Ernst *Schubert* und Jürgen *Görlitz*. Berlin 1959 (= Die Deutschen Inschriften 6. Band, Berliner Reihe 1. Band).

*Die Kirchen* im Königlich Preußischen Herzogthum Sachsen in einer Auswahl malerischer Darstellungen mit historisch-artistischen Beschreibungen. Naumburg 1826 und 1828.

*Die Restaurierung* des Naumburger Domes ... (Bekrönung des Nordwestturms). In: Ztschr. für Bildende Kunst, Beiblatt Kunstchronik 21, 1886, S. 628.

*Doering*, Oscar: Die Dome von Limburg und Naumburg. München 1920 (= Die Kunst dem Volke 40).

*Dome*, Zehn deutsche. Aufnahmen von Helga *Glassner*. Text von Karl-Heinz *Clasen* und Peter *Metz*. Berlin (1939), S. 20-26 und 122 bis 155.

*Dome*, Zwölf deutsche. Aufnahmen von Helga *Schmidt-Glassner*. Einleitung von Julius *Baum*. Zürich und Freiburg i. Br. (1955), 3. Aufl. (1962), S. 27-29 und Taf. 77-101.

*Drachenberg*, Erhard, Karl-Joachim *Maercker*, Christa *Richter*: Mittelalterliche Glasmalerei in der Deutschen Demokratischen Republik. Berlin 1979.

*Dühnen*, Felix: Der Dom zu Naumburg. In: Velhagen und Klasings Monatshefte 50, 1935, S. 365-367.

*Erdmann*, H.: Lebendiger Stein. Ein Bildbericht aus Naumburg. In: Photofreund 18, 1938, S. 373/374.

*Erneuerung* des Naumburger Domes. In: Mitteilungen der Thüringer Landesvereine Heimatschutz. Beilage zum Thüringer Fähnlein 3, 1937, S. 79/80.

*Erneuerungsarbeiten* am Naumburger Dom. In: Mitteilungen der Thüringer Landesvereine Heimatschutz, Beilage zum Thüringer Fähnlein 4, 1938, S. 95.

*F.*: Die Glasfenster-Konservierung im Doerner-Institut. In: Weltkunst 15, 1941 (3/4), S. 4.

*Feise*, Heinz: Ergänzungsbauten am Naumburger Dom. In: Land der Burgen an Saale, Unstrut, Elster 4, 1942, Nr. 1, S. 16/17.

*Fiedler*, Hans: Magister de vivis lapidibus. Der Meister im Bamberger Dom, Urgestalt deutschen Bildhauertums. Kempten im Allgäu 1965.

*fk*: (Notiz zum Erhaltungszustand der Bemalung der Naumburger Stifterfiguren). In: Das Münster 5, 1952, S. 229.

*Frankl*, Paul: Das Vesperbild im Naumburger Dom. In: Jahrbuch der Preußischen Kunstsammlungen 55, 1934, S. 1–8. Ders.: Die Stellung der Westtürme des Naumburger Doms. In: Medieval Studies in Memory of A. Kingsley Porter. Cambridge, Massachusetts 1939, S. 503–535.

*Frodl-Kraft*, Eva: Die Figur im Langpaß in der österreichischen Glasmalerei und die Naumburger Westchor-Verglasung. In: Kunst des Mittelalters in Sachsen, Festschrift Wolf *Schubert*, Weimar 1967, S. 309–14.

*Frohwein*, Paul: Der Ausbau des Doms zu Naumburg a. d. S. In: Rombergs Ztschr. für praktische Baukunst 41, 1881, Sp. 333–335.

*Giesau*, Hermann: Der Dom zu Naumburg. Burg 1927 (= Deutsche Bauten 9. Band), 2., veränderte Auflage 1933, 3. veränderte Aufl. Burg b. Magdeburg 1939. Ders.: Ein Führer durch den Naumburger Dom. Burg 1939. Ders.: Erhaltung eines Kunstwerkes im Naumburger Dom. In: Ztschr. für Denkmalpflege 4, 1930, S. 124/125 (Johannesschüssel). Ders.: Die Arbeiten im Westchor des Naumburger Domes. In: Deutsche Kunst und Denkmalpflege 1939/1940, S. 119–124.

*Glasmalerei* des 19. Jahrhunderts in Deutschland. Katalog zur Ausstellung, Angermuseum zu Erfurt 23. September 1993 bis 27. Februar 1994. Leipzig 1993, Naumburger Dom, S. 174.

*Gleisberg*, Dieter: Nachfolge der Naumburger Plastik in Sachsen und Thüringen bis zum Anfang des 14. Jahrhunderts. Leipzig, Phil. Fak. Diplomarbeit 1959 (Ms.).

*Goldammer*, Kurt: Der Naumburger Meister und die Häretiker. Eine Studie zur geistesgeschichtlichen Einordnung der Naumburger Westlettner-Plastiken, zur Abendmahlsikonographie und zum Einfluß der Häresie auf die mittelalterliche Kirchenkunst. In: Ztschr. für Kirchengeschichte 64, Bd. 4, Folge 2, 1952/53, S. 94–128.

*Goldschmidt*, Adolph: Die Bedeutung der Stifterfiguren im Dom zu Naumburg. In: Sitzungsbericht der Kunstgeschichtlichen Gesellschaft, Berlin 1907, S. 19–21. Vgl. auch: Deutsche Literaturzeitung 28, 1907 (25) Sp. 1574/1575.

*Greischel*, Walther: Die sächsisch-thüringischen Lettner des 13. Jahrhunderts. Phil. Diss. Freiburg i. Br. 1914, Magdeburg 1914.

*Grohmann*, Johann Gottfried: Bruchstücke der gothischen Baukunst, gesammelt und dem Vergnügen der Liebhaber gewidmet. Heft 1 und 2. Leipzig o. J. (1799–1802).

*Grote*, Ludwig: Die Naumburger Stifterfiguren als Almanachschmuck. In: Ztschr. für Kunstwissenschaft 2, 1948, S. 63–66. Ders.: Georg Lemberger. Leipzig 1933 (= Aus Leipzigs Vergangenheit 2). Ders.: Unbekannte Bilder Georg Lembergers. In: Jahrbuch der Denkmalpflege in der Provinz Sachsen und in Anhalt 1933/34, S. 76–93. Ders.: Wiederherstellungsarbeiten im Naumburger Stifterchor. In: Deutsche Kunst und Denkmalpflege 1934, S. 198–200.

*Gubalke*, Albrecht: Die Naumburger Herrenmauer. Eine Einführung in den Lettner des Westchores im Dom zu Naumburg. Siegen und Leipzig 1946.

*Gündel*, Christian: Das schlesische Tumbengrab im 13. Jahrhundert. Straßburg 1926 (= Studien zur deutschen Kunstgeschichte 237).

*H. E.*: Die Restaurationsarbeiten am Naumburger Dom ... In: Ztschr. für Bildende Kunst, Beiblatt Kunstchronik 20, 1885, S. 95.

*Hager*, Werner: Die Meister von Straßburg, Bamberg und Naumburg. 13. Jahrhundert. In: Die Großen Deutschen. Neue Deutsche Biographie, hrsg. von Willy *Andreas* und Wilhelm von *Scholz*. Bd. 1, Berlin (1935), 2. Aufl. (1942), S. 205–214.

*Hamann MacLean*, Richard: Der Naumburger Meister in Noyon. In: Ztschr. des deutschen Vereins für Kunstwissenschaft 2, 1935, S. 425–429. Ders.: Antikenstudium in der Kunst des Mittelalters. In: Marburger Jahrbuch für Kunstwissenschaft 15, 1949/50, S. 157–250. Ders.: Die Burgkapelle von Iben. Beiträge zum Problem des Naumburger Meisters II. In: Mainz und der Mittelrhein in der europäischen Kunstgeschichte. Studien für Wolfgang Fritz *Volbach* zu seinem 70. Geburtstag. (= Forschungen zur Kunstgeschichte und christlichen Archäologie, hrsg. von Friedrich *Gerke*, Band 6), Mainz 1966, S. 233–270. Ders.: Der Atlant aus dem Ostchor des Mainzer Doms und Reims. Studien zum Problem des Naumburger Meisters III. In: Jahrbuch der Vereinigung „Freunde der Universität Mainz" 1971, S. 1–33. Ders.: Stilwandel und Persönlichkeit. Gesammelte Aufsätze 1935–82. Hrsg. Peter Cornelius *Claussen*. Stuttgart 1988. Ders. und Ilse *Schüßler*: Die Kathedrale von Reims, Bd. 1–3, Stuttgart 1993.

*Hamann*, Richard: Die Abteikirche von St. Gilles und ihre künstlerische Nachfolge. Berlin 1955.

*Hartung*, Hugo: Die Westtürme des Domes zu Naumburg a. d. S. In: Denkmalpflege und Heimatschutz 27, 1925, S. 16–21.

*Hasak*, Max: Das Lesepult im Dom zu Naumburg a. d. S. In: Die Denkmalpflege 1, 1899, S. 12.

*Hertel*, Gustav: Ein Beitrag zu den Abhandlungen über metallene Grabplatten, in No. 3 und 4 des deutschen Kunstblatts 1851. In: Deutsches Kunstblatt 4, 1853, S. 361/362.

*Hinz*, Paulus: Der Naumburger Meister. Ein protestantischer Mensch des 13. Jahrhunderts. Berlin 1951.

*Hirschfeld*, Werner: Die Erneuerung der Baldachinreihe im Westchor des Naumburger Domes. In: Jahrbuch der Denkmalpflege in der Provinz Sachsen und in Anhalt 1935/36, S. 48–70.

*Hohmann*, Bernd: Geschichtliches um Uta von Naumburg. In: Germanen-Erbe 2, 1937, S. 232-234, und in: Montagsblatt, Wissensch. Wochenbeilage der Magdeburgischen Zeitung, 79, 1937, S. 345-347.

*Hoppe*, Friedrich: Die Entdeckung des Naumburger Domes. In: Land der Burgen an Saale, Unstrut, Elster 1, 1939(1), S. 8/9.

*Hoßfeld*, Friedrich: Der Naumburger Dom. In: Heimatkalender Naumburg 1, 1925, S. 83-86. Ders.: Deutsche Eigenart am Westlettner des Naumburger Domes. In: Heimat-Jahrbuch für den Regierungsbezirk Merseburg 4, 1929, S. 33-36; in: Heimatkalender Naumburg 5, 1929, S. 97-100, und in: Heimatkalender Krs. Querfurt 8, 1929, S. 105 bis 108.

*Hütt*, Wolfgang, Lydia *Manikowski*, Heinrich L. *Nickel* und Peter *Feist*: Der Naumburger Dom. Architektur und Plastik. Aufnahmen von Fritz *Hege* in Zusammenarbeit mit H. L. *Nickel*. Dresden 1956.

*Hütt*, Wolfgang: War der Naumburger Meister Waldenser? Eine Entgegnung auf den Artikel von Kuno *Mittelstädt* über den Naumburger Westlettner. In: Bildende Kunst (4), 1956, S. 513/514.

*Jahn*, Johannes: Die Bauornamentik des Naumburger Domes. In: Sitzungsberichte der kunstgeschichtlichen Gesellschaft, Berlin 1935/36, S. 16. Ders.: Schmuckformen des Naumburger Doms. Aufnahmen von Erich Kirsten. Leipzig 1944. Ders.: Wörterbuch der Kunst. 4. durchgesehene und erweiterte Auflage Stuttgart 1953, S. 463-464. Ders.: Die Erschließung der Bildwerke des Naumburger Meisters. Ein Beitrag zur Geschichte der Kunstwissenschaft. Berlin 1964 (= Sitzungsberichte der Sächsischen Akademie der Wissenschaften zu Leipzig. Phil.-Hist. Klasse Bd. 109, H. 4). Vgl. auch: Forschungen und Fortschritte 37. 1963, S. 375-378.

*Jantzen*, Hans: Deutsche Bildhauer des 13. Jahrhunderts. Leipzig 1925. Ders.: Die Naumburger Stifterfiguren. Eine Einführung. Stuttgart 1959.

*Joel*, Hans: Zwei unbekannte Vischerwerke im Dom zu Meißen. In: Monatshefte für Kunstwissenschaft 7, 1914, S. 393-397.

*Kirchner-Doberer*, Erika: Die deutschen Lettner bis 1300. Phil. Diss. Wien 1946 (Ms.).

*Knight*, Henry Gally: Ueber die Entwicklung der Architektur vom 10. bis 14. Jahrhundert unter den Normannen in Frankreich, England, Unteritalien und Sicilien. Hrsg. Carl Richard *Lepsius*. Leipzig 1841, S. 16-26.

*Köhne*, C. E.: Die steinerne Predigt des Naumburger Meisters. In: Heute und Morgen 3, 1949, S. 26-29.

*Konsole* des Naumburger Domes beschädigt. In: Thüringer Fähnlein 4, 1935, S. 192.

*Krohm*, Hartmut, und Alexander *Markschies*: Der Lettner der Marienkirche in Gelnhausen - Grundlagen einer Neubewertung. In: Ztschr. des deutschen Vereins für Kunstwissenschaft, Bd. 48, 1994, S. 7-59.

*Küas*, Herbert: Die Naumburger Werkstatt. Aufnahmen von Erich Kirsten. Berlin 1937 (= Forschungen zur deutschen Kunstgeschichte 26).

Ders.: Die Meisterwerke im Naumburger Dom. Aufnahmen von Erich Kirsten. Leipzig 1938. 2. Aufl. 1943. Ders.: Kompositionen der Naumburger Werkstatt. In: Forschungen und Fortschritte 15, 1939, S. 314-317. Ders.: Der Dom zu Naumburg. Berlin 1958. 3. Aufl. Berlin 1966 (= Das Christliche Denkmal 28/29).

*Kugler*, Franz: Kunstbemerkungen. Aus Briefen des Hrsg. In: Museum 2, 1834, S. 145-149, 153-156, 166-168. Ders.: Reiseblätter vom Jahre 1834. In: *Kugler*, Kleine Schriften und Studien zur Kunstgeschichte. I. Teil Stuttgart 1853, S. 162-178.

*Kunze*, Herbert: Der Naumburger Meister. In: Thüringen 2, 1926/27, S. 197-201.

*Kupfer*, Christian, Paul *Beyer*: Naumburg. Leipzig 1977.

*Leopold*, Gerhard, und Ernst *Schubert*: Zur Baugeschichte des Naumburger Westchors. In: Kunst des Mittelalters in Sachsen. Festschrift Wolf *Schubert*, Weimar 1967, S. 97-106. Dies.: Die frühromanischen Vorgängerbauten des Naumburger Doms. Berlin 1972 (=Corpus der romanischen Kunst im sächsisch-thüringischen Gebiet. Reihe A, Band IV).

*Lepsius*, Carl Peter: Über das Alterthum und die Stifter des Domes zu Naumburg und deren Statuen im westlichen Chor desselben. In: Mitt. aus d. Gebiet historisch-antiquarischer Forschungen. Heft 1, 1822 (vgl. auch Kleine Schriften, Hrsg. A. *Schulz*, Bd. 1, Magdeburg 1854, S. 1-35). Ders.: Alte merkwürdige Gemälde zu Naumburg. In: Lepsius, Kleine Schriften, Hrsg. A. *Schulz*, Bd. 3, Magdeburg 1855, S. 119-134. Ders.: Geschichte der Bischöfe des Hochstifts Naumburg vor der Reformation. I. Teil. Naumburg 1846. Ders. siehe: Puttrich, Ludwig.

*Lippelt*, Ernst: Waldensertum im Naumburger Dom. In: Naumburger Heimat 1937, Nr. 21, S. 1-3. Ders.: Das Geheimnis des Naumburger Meisters. In: Deutsches Volkstum 20, 1938, S. 667-673, und in: Ztschr. für deutsche Geisteswissenschaft I, 1938, S. 232-251. Ders.: Der Dom zu Naumburg. Mit Grundriß des Domes und Stammtafeln der Stifter. Jena 1939. Ders.: Das Abendmahl am Lettner in Naumburg. In: Kunst und Kirche 16, 1939, S. 34-37.

*Lüttich*, Selmar: Über den Naumburger Dom. I. Wie sind die Glasgemälde der Westchorfenster zu ergänzen? II. Welchen Bischof stellt das Grabdenkmal im Ostchor dar? Naumburg 1898 (= Beilage zum Jahresbericht des Domgymnasiums zu Naumburg a. d. S. Ostern 1898). Ders.: Zur Baugeschichte des Naumburger Domes und der anliegenden Baulichkeiten. Naumburg a. d. S. 1902 (= Beilage zum Jahresbericht des Domgymnasiums zu Naumburg a. d. S. Ostern 1902). Ders.: Dritter Beitrag zur Baugeschichte des Naumburger Domes und der anliegenden Baulichkeiten. Naumburg a. d. S. 1904 (= Beilage zum Jahresbericht des Domgymnasiums zu Naumburg a. d. S. Ostern 1904).

*Memminger*, Karl: (Beschreibung des Naumburger Domes). In: Domgymnasium zu Naumburg a. d. S., Jahresbericht. Ostern 1876. Programm Nr. 192, Naumburg 1876, S. XXII bis XXVII, und in: Domgymnasium zu Naumburg a. d. S., Jahresbericht. Ostern 1877, Programm Nr. 196, Naumburg 1877, S. XXIV bis XXXVII. Ders.: Alte Glasmalereien und ihre Wiederherstellung im Naumburger Dom und der Wiesenkirche in Soest. In: Christliches Kunstblatt 34, 1892, S. 84-89. Ders.: Der Dom in Naumburg a. d. S. In: Zentralblatt der Bauverwaltung 17, 1897, S. 246 und S. 536. Ders.: 880 Jahre Baugeschichte des Naumburger Domes. Gelesen aus Urkunden und aus dem Bau selbst. 2. Aufl. Naumburg 1910, 3. Aufl. 1920.

*Metz*, Peter: Zur Deutung der Meißner und Naumburger Skulpturenzyklen des 13. Jahrhunderts. In: Ztschr. für Kunstgeschichte 9, 1940, S. 145–174. Ders.: Der Stifterchor des Naumburger Doms. Über die Kunst und den Menschen des 13. Jahrhunderts. Berlin 1947 (= Kunstwerk und Deutung 4).

*Mittelstädt*, Kuno: Von revolutionärem Geist erfüllt. Zu den Reliefs des Naumburger Westlettners. In: Bildende Kunst (4) 1956, S. 409 bis 414.

*Möllenberg*, Walter: Eike von Repgow und seine Zeit. Burg 1934. Ders.: Die Naumburger Stifterfiguren. In: Forschungen und Fortschritte 11, 1935, S. 1/2. Ders.: Zur Darstellung der Seligpreisungen in der bildenden Kunst. In: Sachsen und Anhalt 17, 1941–43, S. 528–535.

*Mühlmann*, Ottogerd: Zum Problem der Stifterfiguren im Naumburger Dom. In: Thüringische Monatsblätter 45, 1937, S. 39/40.

*Nath*, Lucy: Im Dom zu Naumburg. Leipzig 1936, 2. Aufl. 1940 (= Weberschiffchen-Bücherei 22).

*Naumburg* a. d. S. (Stiftung des Geldes für den vierten Turm des Domes). In: Die Kunst für Alle 6, 1890/91, S. 319.

*Naumburg* a. d. S., Dom. Äußeres. Aufnahmen der Staatl. Meßbildanstalt, um 1890.

*Niebelschütz*, Ernst v.: Eine Fürstenstatue im Dome zu Naumburg. In: Montagsblatt, Wissensch. Wochenbeilage der Magdeburgischen Zeitung 74, 1932, S. 373. Ders.: Meisterwerke der Kunst in Sachsen-Anhalt. In: Montagsblatt ... 74, 1932, S. 381. Ders.: Meisterwerke der Kunst in Sachsen-Anhalt. In: Montagsblatt ... 75, 1933, S. 229. Ders.: Meisterwerke der Kunst in Sachsen-Anhalt. In: Montagsblatt ... 76, 1934, S. 237. Ders.: Meisterwerke der Kunst in Sachsen-Anhalt. In: Montagsblatt ... 77, 1935, S. 76. Ders.: Instandsetzung des Naumburger Doms. In: Montagsblatt ... 84, 1942, S. 10.

*Oertel*, C., R. *Bamberger* und Edwin *Redslob*: Die steinernen Wunder von Naumburg. Leipzig 1933.

*Oettinger*, Karl: Das Motiv der Naumburger Maria. In: Kirchenkunst 9, 1937, S. 122–125.

*Osten*, Gert von der: Gepa, Stifterfigur im Naumburger Dom. In: Kunst und Volk 4, 1936, S. 104/105.

*Panofsky*, Erwin: Die deutsche Plastik des elften bis dreizehnten Jahrhunderts. München 1924.

*Pauls*, Eilhard Erich: Die Naumburger Stifter als Erlebnis. In: Der Türmer 36, 1933/34, 2. Bd., S. 105–112.

*Pinder*, Wilhelm: Der Naumburger Dom und seine Bildwerke. Berlin 1925. Ders.: Naumburg, ein Nationalheiligtum deutscher Kunst. In: Thüringische Monatsblätter 36, 1928, S. 38/39. Ders.: Der Naumburger Dom und der Meister seiner Bildwerke. Berlin 1939, 8. Aufl. 1943.

*Preller*, Hugo: Die heilige Elisabeth und der Naumburger Dom. In: Forschungen und Fortschritte 33, 1959, S. 214/215. Ders.: Das Altarproblem des Naumburger Doms. In: Forschungen und Fortschritte 34, 1960, S. 272–278.

*Puttrich*, Ludwig, und G. W. *Geyser d. J.*: Naumburg an der Saale, sein Dom und andere alterthümliche Bauwerke. (Enthält:) Carl Peter *Lepsius*: Der Dom zu Naumburg. Beschrieben und nach Anleitung urkundlicher Quellen archäologisch erläutert. Leipzig 1841. In: Denkmale der Baukunst des Mittelalters in der Königlich-Preußischen Provinz Sachsen. Hrsg. v. *Puttrich* und *Geyser*. Bd. I. Leipzig 1836-1843.

*Quast*, Ferdinand v.: Die Erbauungszeit des Domes zu Naumburg. In: Deutsches Kunstblatt 6, 1855, S. 202/203.

*Reinhardt*, Hans: Sculpture francaise et sculpture allemande en 13e siècle. In: L'Information d'histoire de l'art 7, 1962, S. 174-197.

*Restaurierung* des Naumburger Domes geplant. In: Deutsche Bauzeitung 8, 1874, S. 88.

*Richter*, Otto: Die spätromanische Baukunst in Sachsen und am mittleren Rhein. In: Neues Archiv für Sächsische Geschichts- und Altertumskunde 44, 1923, S. 55-70.

*Rudolph*, Sigrid: Die Dome von Naumburg und Magdeburg. Versuch eines Vergleiches ihrer architektonischen und ornamentalen Gemeinsamkeiten. Leipzig, Kunsth. Institut, Semesterarbeit 1960 (Ms.).

*Sauerländer*, Willibald: Die Naumburger Stifterfiguren. In: Die Zeit der Staufer. Geschichte-Kunst-Kultur. Katalog der Ausstellung Stuttgart 1977. Band V Supplement, Vorträge und Forschungen. Hrsg. Rainer *Haussherr* und Christian *Väterlein*. Stuttgart 1979, S. 169-245. Vgl. auch ders. ebendort Band I, Stuttgart 1977, S. 332-335. Ders. - Joachim *Wollasch*: Stiftergedenken und Stifterfiguren in Naumburg. In: Memoria. Der geschichtliche Zeugniswert des liturgischen Gedenkens im Mittelalter. Hrsg. K. *Schmid* und J. *Wollasch*. München 1984 (= Münstersche Mittelalter-Schriften Band 48), S. 354-383.

*Schäfer*, Carl: Steinerne Kanzel für den Dom in Naumburg. In: Schäfer, Von deutscher Kunst. Gesammelte Aufsätze und nachgelassene Schriften. Berlin 1910, S. 156-158. – Vgl. auch: Zentralblatt der Bauverwaltung I, 1881, S. 51.

*Schahl*, Adolf: Neues zum Ampach'schen Gemäldezyklus. In: Naumburger Heimat 1932, Nr. 34, S. 1/2.

*Schenke*, Karl: Der Naumburger Dom in Wort und Bild. 7. Aufl. Naumburg a. d. S. 1927.

*Schlesinger*, Walter: Meißner Dom und Naumburger Westchor. Ihre Bildwerke in geschichtlicher Betrachtung. Münster und Köln 1952 (= Beihefte zum Archiv für Kulturgeschichte 2). Ders.: Kirchengeschichte Sachsens im Mittelalter. II. Band: Das Zeitalter der deutschen Ostsiedlung. Köln Graz 1962 (= Mitteldeutsche Forschungen 27/II), bes. S. 121-134 und S. 612-613.

*Schmarsow*, August und Eduard *Flottwell*: Meisterwerke der deutschen Bildnerei des Mittelalters. Teil I. Die Bildwerke des Naumburger Domes. Magdeburg 1892. Ders.: Das Eindringen der französischen Gothik in die deutsche Sculptur. In: Repertorium für Kunstwissenschaft 21, 1898, S. 417-426. Ders.: Im Stifterchor zu Naumburg. In: Ztschr. für Kunstgeschichte 3, 1934, S. 1-17.

*Schmoll gen. Eisenwerth*, Josef Adolf: Mainz und der Westen. Stilistische Notizen zum „Naumburger Meister", zum Liebfrauenportal und zum Gerhardkopf. In: Mainz und der Mittelrhein in der europäischen Kunstgeschichte. Studien für Wolfgang Fritz *Volbach*, Mainz 1966 (=Forschungen zur Kunstgeschichte und christlichen Archäologie, hrsg. Friedrich *Gerke*, Band VI), S. 289-314.

*Scholz*, Wilhelm v.: Die berühmten Skulpturen des Naumburger Doms. In: Sächsische Heimat 7, 1923/24, S. 30-32.

*Schrade*, Hubert: Der Dom zu Naumburg. In: Deutsche Kunst. Hrsg. Ludwig *Roselius*. Bd. 2, Lieferung 4-5. Bremen und Berlin 1936.

*Schreyer*, Lothar: Frau Uta in Naumburg. Oldenburg i. O. und Berlin 1934 (= Schriften an die Nation 26).

*Schubert*, Dietrich: Von Halberstadt nach Meißen. Bildwerke des 13. Jahrhunderts in Thüringen, Sachsen und Anhalt. Köln 1974 (=DuMont Dokumente: Reihe Kunstgeschichte/Wissenschaft).

*Schubert*, Ernst: Der Naumburger Dreikönigsaltar. Ein historisch-philologischer Beitrag. Berlin 1957 (= Schriften zur Kunstgeschichte 3). Ders.: Der Westchor des Naumburger Doms. Ein Beitrag zur Datierung und zum Verständnis der Standbilder. Berlin 1964, 2. Aufl. Berlin 1965 (=Abh. der Dt. Akad. d. Wiss. zu Berlin, Klasse für Sprachen, Literatur und Kunst, 1964, 1). Ders.: Führer durch den Naumburger Dom. Berlin 1964. Ders.: Der Naumburger Dom. Fotos von Fritz *Hege*. Berlin 1968. Ders.: Der Westlettner des Naumburger Doms. In: Kunstwissenschaftliche Beiträge 2 (Beilage zur Ztschr. Bildende Kunst 8/1979), S. 7-15. Ders.: Zur Naumburg-Forschung der letzten Jahrzehnte. In: Wiener Jahrbuch für Kunstgeschichte Band XXXV, 1982, S. 121-138. Ders.: Die Erforschung des Naumburger Doms, in: Sitzungsberichte der Kunstgeschichtlichen Gesellschaft zu Berlin, N.F. 36, Oktober 1987 bis Juni 1988, S. 32-33. Ders.: Memorialdenkmäler für Fundatoren in drei Naumburger Kirchen. In: Frühmittelalterliche Studien. Jahrbuch des Instituts für Frühmittelalterforschung der Universität Münster, Band 25, 1991, S. 188-225. Ders: Zum ikonographischen Programm der Farbverglasung im Westchor des Naumburger Doms. In: Deutsche Glasmalerei des Mittelalters, hrsg. Rüdiger *Becksmann*, II, Bildprogramme, Auftraggeber, Werkstätten. Berlin 1992, S. 43-52. Ders.: Die Erforschung der Bildwerke des Naumburger Meisters. Berlin 1994 (= Sitzungsberichte der Sächsischen Akademie der Wissenschaften zu Leipzig, Philologisch-historische Klasse Bd. 133, Heft 4). Ders.: Naumburg, Dom St. Peter und Paul, in: Straße der Romanik, Kunst- und Kulturführer Sachsen-Anhalt. Leipzig 1994, S. 167-176.

*Schulze*, Ingrid: Der Westlettner des Naumburger Doms. Das Portal als Gleichnis. Frankfurt am Main 1995 (= Fischer Taschenbuch Verlag, Reihe „Kunststück").

*Sciurie*, Helga, *Möbius*, Friedrich: Der Naumburger Westchor. Figurenzyklus, Architektur, Idee. Worms 1989 (= Werners Kunstgeschichte, Hrsg. Hans-Joachim *Kunst*, August B. *Rave*, Wolfgang *Schenkluhn*).

*Seckel*, Curt: Die Stifterfiguren des Naumburger Domes. In: Der Kunsthandel 43, 1951 (II), S. 7-9.

*Simon*, Karl: Zu Peter Vischer. In: Monatshefte für Kunstwissenschaft 9, 1916, S. 181-187.

*Skuhrovec-Hopp*, Helene: Die Stiftergestalten des Naumburger Doms in der Dichtung. Phil. Diss. Wien 1941 (Ms.).

*Stange*, Alfred, und Albert *Fries*: Idee und Gestalt des Naumburger Westchores. Trier 1955 (= Trierer Theologische Studien 6).

*Stierling*, Hubert: Kleine Beiträge zu Peter Vischer, 3. Zwei unbekannte Vischer-Werke im Dom zu Meißen. Eine Entgegnung. In: Monatshefte für Kunstwissenschaft 11, 1918, S. 17-20.

*Thielsen*, Wilhelm: Zeittafeln zur Kunst der Heimat. Merseburg, Naumburg, Dresden. Merseburg 1926.

*Tollert*, Albin: Naumburg/S., die schöne alte Stadt in Mitteldeutschland, die Domstadt mit den steinernen Wundern... Naumburg 1935.

*Trautwein*, Franz: Der Bilderzyklus des Naumburger Domherrn von Ampach in der Dreikönigskapelle. Naumburg a. d. S. 1929. Ders.: Die Sammlung von Ampach in Naumburg. In: Die Kunstauktion 3, 1929, Nr. 51/52, S. 13. Ders.: Naumburg, Bauten und Bildwerke. Naumburg a. d. S. 1931.

*Troescher*, Georg: Der Naumburger Dreikönigsaltar und sein burgundisches Vorbild. In: Jahrbuch der Preußischen Kunstsammlungen 56, 1935, S. 195-212.

*Verhandlungen* der II. Sektion der Generalversammlung des Gesamtvereins der deutschen Geschichts- und Altertumsvereine zu Naumburg a. d. S. (Baugeschichte des Naumburger Doms und Datierung der Stifter). In: Korrespondenzblatt des Gesamtvereins der deutschen Geschichts- und Altertumsvereine 20, 1872, S. 9-12, 17-20.

*Vom Dome zu Naumburg* (Kurzer Restaurierungsbericht). In: Deutsche Bauzeitung 9, 1875, S. 271.

*Vorbrodt*, Ingeburg: Das mitteldeutsche Chorgestühl des 13. und 14. Jahrhunderts. Phil. Diss. Jena 1957 (Ms.)

*Wallrath*, Rolf: Die Bildwerke im Naumburger Dom. Kevelaer 1949 (= Berkers kleine Volksbibliothek, Gelbe Reihe, Nr. 3 und 4).

*Wassermann*, Kurt, und Fritz *Hege*: Naumburg, Stadt und Dom. Dresden 1952.

*Weber*, Paul: Eine Abbildung der Naumburger Stifterfiguren aus dem XVIII. Jahrhundert. In: Cicerone I, 1909, S. 162/163.

*Weigert*, Hans: Der Dom zu Naumburg. Berlin 1944 (= Führer zu großen Baudenkmälern 46).

*Weise*, Georg: L'arte tedesca contemporanea a Nicola e Giovanni Pisano. In: L'Arte 45, 1942, S. 107-122.

*Wentzel*, Hans: Die Glasmalereien im Naumburger Westchor, Mitte 13. Jahrhundert. In: Deutsche Kunst. Hrsg. Ludwig Roselius. Glasmalerei. Bremen und Berlin 1944. Ders.: Meisterwerke der Glasmalerei. Berlin 1951, 2. Aufl. 1954.

*Werner*, J. G.: Der Dom in Naumburg a. d. S. und seine Wiederherstellung. In: Zentralblatt der Bauverwaltung 17, 1897, S. 14-16, 21-22, 347.

214

*Wessel*, Klaus: War der Naumburger Meister Waldenser? In: Wissenschaftliche Ztschr. der Universität Greifswald, Gesellschafts- und sprachwissenschaftliche Reihe I, 1951/52, S. 44–55. Ders.: Vides quanta propter te sustinuerim? Ein Beitrag zum Verständnis des Naumburger Westlettners. In: Festschrift Adolf Hofmeister zum 70. Geburtstag am 9. August 1953. Hrsg. Ursula *Scheil*. Halle 1955, S. 312 bis 324.

*Wiessner*, Heinz, Irene *Crusius*: Adeliges Burgstift und Reichskirche. Zu den historischen Voraussetzungen des Naumburger Westchores und seiner Stifterfiguren. In: Studien zum weltlichen Kollegiatstift in Deutschland, Hrsg. Irene *Crusius* (= Veröffentlichungen des Max-Planck-Instituts für Geschichte 114, Studien zur Germania Sacra 18), Göttingen 1995, S. 232–258.

*Winterfeld*, Dethard von: Zur Baugeschichte des Naumburger Westchores. Fragen zum aktuellen Forschungsstand. In: architectura, Zeitschrift für Geschichte der Baukunst, Jahrgang 1994, S. 289–318.

*Wollasch*, Joachim: Zu den Ursprüngen der Tradition in der Bischofskirche Naumburg. In: Frühmittelalterliche Studien. Jahrbuch des Instituts für Frühmittelalterforschung der Universität Münster, Band 25, 1991, S. 171–187.

*Zander*, Ilse: Sinn und Entstehung des Naumburger Stifterchores. In: Forschungen und Fortschritte 29, 1955, S. 369–375.

*Zu* der Mittheilung über das *Lesepult* im Dom zu Naumburg a. d. S. in: Die Denkmalpflege 1, 1899, S. 19/20.

*Zusammenstellungen* der bemerkenswertesten preußischen Staatsbauten, welche im Laufe des Jahres 1877 in der Ausführung begriffen sind. In: Ztschr. für Bauwesen 28, 1878, Sp. 472/473.

Die Bibelzitate nach:

Die Bibel oder die ganze Heilige Schrift des Alten und Neuen Testaments nach der deutschen Übersetzung D. Martin Luthers. Neu durchgesehen nach dem vom Deutschen Evangelischen Kirchenausschuß genehmigten Text. Stuttgart 1952.

*Blick auf die Osttürme des Doms und Teile der Naumburger Altstadt*